DE EETBARE STAD

Ellen Mookhoek
Geert Timmermans
Anneke Blokker

DE EETBARE STAD

Ellen Mookhoek
Geert Timmermans
Anneke Blokker

GIDS VOOR WILDPLUKKERS
met recepten

UITGEVERIJ BAS LUBBERHUIZEN

INHOUD

VOORWOORD YVETTE VAN BOVEN 8

INLEIDING 12

REGELS EN TIPS 16
Plukregels
Wetgeving
Vis vangen en meenemen
Vis schoonmaken
Tips
Benodigde plukuitrusting
Vervuilde plukplekken

PLUKPLEKKEN 19
Tuin
Parken en plantsoen
Berm
Sloot, gracht en kanaal
Dak, muur en stoep
Strand en ommeland

LENTE (FEBRUARI-MEI)
Eetbare voorjaarsbloemen 26
Brandnetel 28
Kraailook en daslook 30
Paardenbloem 32
Look-zonder-look en pinksterbloem 34
Berenklauw 36
Zuring en klaverzuring 38
Voeder- en vogelwikke 40
Mosterd en rucola 42
Ganzenvoet en melde 44
Boskriek 46
Zevenblad en hondsdraf 48
Vlier 50
Iep 52
Japanse duizendknoop 54
Voorjaarspronkridderzwam 56
Grauwe gans (en ganzenei) 58
Baars en snoekbaars 60
Witvis 62

ZOMER (JUNI-AUGUSTUS)
Kaasjeskruid 66
Watermunt 68
Klaproos 70
Straatappels 72
Eetbare bloemen 74
Honing 76
Wilde pastinaak 78
Toortsen en teunisbloem 80
Rozen en hun bottels 82
Judasoor 84
Zwartbekgrondel 86

HERFST (SEPTEMBER-NOVEMBER)
Zulte of zeeaster 90
Inktzwammen 92
Bovisten 94
Braam 96
Hazelnoten 98
Sleedoorn en Amerikaanse vogelkers 100
Duindoorn 102
Tamme kastanje 104
Kornoelje en vossenbes 106
Kweeperen en mispels 108
Tuinslakken 110
Schelpen 112
Amerikaanse rivierkreeft 114
Krab 116
Harder 118

WINTER (DECEMBER-JANUARI)
Zeekraal 122
Weegbree 124
Veldkers en veldgids 126
Karper 128
Damhert 130
Haas en konijn 132
Duif 134
Eend 136

SEIZOENSKALENDER 142
LITERATUUR EN INSPIRATIE 150
ADRESSEN 151

VOORWOORD

Opgroeiend in Ierland, in een buitenwijk van Dublin tegen de bergen van Wicklow aan, leerde ik dat de natuur onderdeel is van ons dagelijks leven. Wildplukken, iets wat nu zo in de aandacht staat, was doodnormaal en soms ook, bijvoorbeeld door armoede, zelfs een uitkomst om benodigde vitaminen binnen te krijgen.

Aan het begin van de herfst reed mijn moeder met haar beste vriendin in onze custardgele Austin Maxi stapvoets door de bergen. Wij kinderen op de achterbank met manden en tassen op schoot om vanuit de achterraampjes bramen, rozenbottels en wilde hagedoorn uit de hoge hagen en struiken (*'hedgerow'*) langs de bergpaden te plukken. Die wilde vruchten waren voor jam en limonadesiroop voor de wintermaanden. Voor vruchtenwijn of bier. En van wat er over was bakten we *pie*.

We plukten de hele zomer wilde waterkers in de beken bij Enniskerry en wisten als kind allemaal dat er naast brandnetel áltijd veldzuring, *dock leaves* (wij noemden ze *doctor leaves*) groeit. Wreef je de grote bladeren over de brandnetelsteek dan lieten de zure sappen de jeukende bultjes direct verdwijnen.

Mijn Ierse vriendinnen weten nog steeds in het bos de grootste cantharellen te staan, dat je van de gele bloemen van de stekelige *gorse bushes* ontzettend lekkere limonade kunt maken en dat je thee kunt trekken van veel planten uit de wilde voortuin en dat die thee gelijk een medicijn is tegen alles. Ieren waren al eeuwen ontzettend hip, blijkt dus.

In Nederland aangekomen heb ik echt moeten wennen aan het feit dat de natuur hier heel klein is. Dat je niet zomaar alles kunt wegplukken, simpelweg omdat er niet veel van is. Gaandeweg heb ik ontdekt dat je ook hier best veel uit de natuur kunt eten zonder de regels te overtreden of schade aan te richten.

Dat er ook een stedelijke natuur bestaat, was voor mij een eyeopener. De makers van dit boek hebben mij er keer op keer op geattendeerd, en ik heb ze vaak in mijn televisieprogramma te gast gehad om nóg meer van ze te kunnen leren.

Wat een feest is het toch, om zoveel moois terug te krijgen uit een gebied waar je het totaal niet van verwacht. Zo zie je maar: *the world is your oyster*. En wie weten dat beter dan Ellen, Geert en Anneke? Dit boek belooft een spannende expeditie op te leveren!

Yvette van Boven

INLEIDING

De meeste stadsbewoners zijn wildplukken geheel verleerd. We kunnen nog net een braam onderscheiden van een vlier- of bosbes, maar als het bijvoorbeeld aankomt op paddenstoelen, dan weten we vaak niet welke soort eetbaar is en welke soort we vooral moeten laten staan. Dus laten we vaak alles maar staan. Heel verstandig, maar ook wel jammer. Want daardoor lopen we bijna iedere dag aan heel veel lekkers en gezonds voorbij. Als we zouden weten hoeveel eetbaars er in onze directe woonomgeving groeit, bloeit, zwemt en kruipt, dan zou je de buurtsuper waarschijnlijk vaker links laten liggen. De oermens in ons vindt het namelijk maar wat prettig om precies te weten wat hij eet.

Daar is dit boek onder andere voor bedoeld. Om die oermens in ons te prikkelen. Om ons naar buiten te lokken, de stadsnatuur in. Of het nu een park om de hoek is of een ruig terrein aan de rand van de stad. Om je te laten verwonderen door de schoonheid hiervan. Hoe vaker je namelijk bezig bent met wildplukken – al is het maar voor het bereiden van je eigengemaakte kruidenboter – hoe meer je je bewust wordt van de schoonheid van de natuur. Als je moet bepalen of een plant eetbaar is, kijk je veel gedetailleerder naar de structuur van een plant, waar hij groeit, hoe hij ruikt en wat voor kleur hij precies heeft. En hierdoor staan je zintuigen – die meestal op standje 'lekker binnen bij de kachel' staan – binnen no time helemaal op scherp.

Het mooie is, stadsnatuur is altijd om de hoek, dus je hoeft nooit uren te reizen om dit te ervaren en er je eigen kostje bij elkaar te verzamelen. Sterker nog, met een beetje mazzel kun je oogsten uit je eigen achtertuin, of groeit er iets lekkers tussen de stoeptegels voor je deur of zelfs op de muur van je eigen huis. Je moet alleen even weten wat precies eetbaar is.

Als je er eenmaal oog voor hebt verzamel/pluk/vang je in een gemiddeld stadspark met gemak een viergangen-diner bij elkaar. Zo zijn de olierijke bloemzaadjes van de springbalsemien heel gezond en hebben ze bovendien een heerlijke walnootsmaak. Of maak een supergezonde soep van de verse voorjaarsblaadjes van de brandnetel. In één moeite door verwijder je het onkruid, want zevenblad – voor de meeste mensen bekend als echte plaagsoort – kan de basis zijn van een gezonde salade.

Natuurlijk mag je soms ook best een beetje moeite doen om de gewenste maaltijd bij elkaar te verzamelen en bijvoorbeeld een uitstapje maken naar de kust. Daar vind je heel andere soorten dan in de stad.

En mocht je geïnteresseerd zijn in een heerlijk stukje wild vlees… hiervoor hoef je er niet zelf op uit te gaan met een geweer, maar tippen wij je over de beste wildadressen in het land. Daarentegen kun je wel zelf met je hengel op pad om je eigen vis te vangen. Zodoende wordt ook je jagersinstinct een beetje geprikkeld.

Vlees, vis, schaal- en schelpdieren vormen een rijke aanvulling op de eetbare planten en paddenstoelen, en in dit boek komen ze allemaal aan bod: ruim zestig eetbare plant-, paddenstoel-, schaal-, schelp-, vis- en wildsoorten, plus bijpassende recepten, alle voor 4 personen tenzij anders vermeld.

Veel pluk- en kookplezier!

MARINE DEPT
89
NAUTICAL CLASS

PLUKREGELS

Het belangrijkste uitgangspunt is:
je bent te gast in de natuur, je bent niet de enige die van haar vruchten wilt genieten, dus pluk met mate!

- Pluk daarom niet te veel van een soort op één locatie. Zo blijft er altijd genoeg voedsel over voor de wilde dieren die hiervan afhankelijk zijn en ook voor andere wildplukkers die graag een natuurlijk kostje bij elkaar willen scharrelen. Hou daar vooral rekening mee bij schaarse soorten. Brandnetel is bijvoorbeeld talrijker dan daslook.
- Pluk niet in gebieden waar je niet mag komen. Hier komen vaak kwetsbare dieren voor die snel verstoord raken.
- Breek ook geen takken om zo nodig bij die ene appel te komen. Als je er niet bij kan, dan is het simpelweg niet voor jou bestemd, dus blijf eraf!

WETGEVING

Al kan de wet (in dit geval de Wet Natuurbescherming) soms wat stoffig zijn, het is goed om te weten wat niet mag, en natuurlijk vooral wat wel mag. De natuur mag geen schade ondervinden van het plukken en de oogst mag alleen worden gebruikt voor eigen consumptie. Dat is het belangrijkste uitgangspunt. De volgende wetgeving is van toepassing:

Visserijwet: je mag niet zomaar je hengel uitgooien in de sloot of vijver om de hoek. Als visser heb je te maken met een aantal wetten en regels, bijvoorbeeld op het gebied van vereiste visdocumenten. Om in het Nederlandse binnenwater te mogen vissen, moet je schriftelijk toestemming hebben van de bij jou in de buurt aanwezige hengelsportvereniging. Deze vereniging kan jou voorzien van je benodigde VISpas.

Stroperijwet: al zal er geen boswachter of agent naar kraaien als je volgens de regels je kostje bij elkaar hebt geplukt, letterlijk genomen ben je schuldig aan stroperij wanneer je jezelf zonder toestemming van de grondeigenaar organisch materiaal zoals planten en paddenstoelen toe-eigent.
En uiteraard is het niet de bedoeling dat je zelf met een visfuik aan de gang gaat of een gans, damhert of eend schiet als je geen jachtvergunning hebt. Daarom bevelen we betrouwbare en erkende adressen aan voor vlees en vis uit de natuur (zie pagina 151).

VIS VANGEN EN MEENEMEN

Voor het vangen van vis is een vergunning (VISpas) nodig. In de Visserijwet is geregeld in welke periode er op bepaalde vissen mag worden gevist en wat de minimummaten zijn. Voor de in dit boek genoemde vissen gelden de volgende wettelijke regels. Snoekbaars en baars kennen een zogenaamde gesloten tijd. In de periode van 1 april tot de laatste zaterdag van mei, mag er niet op deze soorten worden gevist. Voor enkele soorten geldt een minimummaat; als de gevangen kleiner is dan de genoemde

maat, moet deze altijd weer worden teruggezet. De volgende minimummaten zijn geldig: baars (22 centimeter), snoekbaars (42 centimeter) en ruisvoorn of rietvoorn (15 centimeter). Alle andere genoemde vissen (brasem, kolblei, blankvoorn, karper, harder en zwartbekgrondel) kennen geen gesloten tijd of minimummaat.
Je mag niet in alle wateren vissen. Sommige wateren zijn verpacht aan beroepsvissers of hengelsportfederaties. Om in die wateren te mogen vissen heb je toestemming of een lidmaatschap nodig. Binnen een hengelsportfederatie of bij een specifiek water kunnen aanvullende voorwaarden gelden. Zo kan er een limiet gelden voor het aantal vissen dat iemand in bezit mag hebben of gelden er voorschriften over de vissoorten die direct moeten worden teruggezet. De meeste federaties hebben een verbod ingesteld op het in bezit hebben van karpers en ook mag een visser vaak maar een beperkt aantal snoekbaarzen in bezit hebben. Voor het IJsselmeer geldt bijvoorbeeld een limiet van tien baarzen en twee snoekbaarzen; meer mag je er niet meenemen. Neem vis alleen mee als je zeker weet dat je de vis gaat opeten. Laat de vis niet nodeloos lijden en dood de vis direct na het vangen met een harde klap (knuppeltje of visdoder) op de kop.

VIS SCHOONMAKEN

Voordat je vis gaat bereiden moet je eerst de ingewanden en de schubben verwijderen. Om de schubben te verwijderen neem je de vis bij de staart en schraap je met de achterkant van een mes of met een speciaal schubmes richting de kop. Bij dit ontschubben vliegen de schubben vaak alle kanten op. Doe het schubben dan ook buiten of in de gootsteen onder stromend water. Filets snijden lijkt moeilijk, maar als je het een paar keer hebt gedaan, zal je zien dat je de techniek snel onder de knie krijgt. In het boek *Werken met vis* (zie literatuurlijst) wordt alles keurig uitgelegd.

TIPS

Eten wat de natuur schaft is fantastisch, maar het laatste wat je wilt is met samengetrokken maag- en darmspieren uren op het toilet spenderen door het eten van bijvoorbeeld een giftige plant, paddenstoel of bes. Voorzie jezelf daarom van professioneel gidswerk (zie pagina 150).
Het kan ook geen kwaad om de app van de Gifwijzer te installeren op je telefoon. Daarmee check je heel gemakkelijk welke planten giftig zijn.
En tot slot: pluk nooit iets waarover je twijfelt, wat je niet kent, of niet kan terugvinden in dit boek of in een van de gidsen.

Maak van tevoren een lijstje met soorten die je wilt gaan plukken en check of je in het juiste seizoen plukt. Veel soorten zijn maar een deel van het jaar te vinden.

BENODIGDE PLUKUITRUSTING

Emmer: onder meer voor appels, bessen, noten, vissen en schelpdieren.

Trommeltje: voor bloemen.
Mand: voor bloemen en paddenstoelen.
Plastic zakjes: voor blaadjes.
Schaar: voor het knippen van kruiden.
Mes: voor het afsnijden van paddenstoelen.
Schepnet en vishengel: voor het vangen van vissen en kreeften.
Schepje: onder meer voor het uitscheppen van wortels.
Veldgidsen en literatuur
Smartphone

VERVUILDE PLUKPLEKKEN

Vooral aan de randen van steden komen nogal wat vervuilde terreinen voor, zoals oude gifbelten of fabrieksterreinen. Wees terughoudend met het plukken op dit soort terreinen.
Ook bermen langs intensief gebruikte (spoor)wegen kunnen vervuild zijn met zware metalen, dus pluk ook hier liever niet (veel).

PLUKPLEKKEN

TUIN
Mocht je over een voor- of achtertuin beschikken: dit is bij uitstek dé plek om een of meerdere gerechten bij elkaar te plukken. Je kan natuurlijk zelf zaaien en vervolgens oogsten, maar als je de tuinnatuur gewoon zijn gang laat gaan, dan groeit er binnen no time een vezelrijk viergangenmenu. Denk bijvoorbeeld aan bloemen en struiken als weegbree, paardenbloem, diverse soorten loken, vogelkers, meidoorn, lijsterbes; alleen al hiervan kun je een heerlijke en rijke maaltijdsalade creëren. En in een gemiddelde tuin zijn bijvoorbeeld ook altijd wel tuinslakken aanwezig die, als eiwitrijk voorafje, de bij elkaar gesprokkelde maaltijd mooi aanvullen. Bijkomstig voordeel is dat je – in samenwerking met de egel en de zanglijster – de rol van natuurlijke slakkenbestrijder op je neemt. En met een beetje mazzel groeien er in jouw tuin ook nog paddenstoelen. Die zitten boordevol nuttige voedingsstoffen en daarmee is de schijf van vijf compleet.

PARKEN EN PLANTSOENEN
In openbare parken en plantsoenen groeit, bloeit, kruipt en zwemt een heleboel lekkers en gezonds. Zo is bijvoorbeeld de hier veelvoorkomende brandnetel een heel gezonde snack. Vooral in het voorjaar, wanneer de blaadjes lekker jong en vers zijn.
In de late zomer geurt en kleurt het van de springbalsemien. Wist je dat de olierijke zaadjes hiervan buitengewoon gezond zijn? En ook nog eens heel lekker. Bovendien zijn parken en plantsoenen bij uitstek de plek waar je een vruchten- en notenrijke maaltijd bij elkaar verzamelt. In een beetje park staat namelijk wel een tamme kastanje of een hazelaar, die overheerlijke kastanjes en hazelnoten als vruchten dragen.
Mocht er dan ook nog water aanwezig zijn: grijp je kans en vang die karper!

BERM
De wegberm is in eerste instantie waarschijnlijk niet de plek die je direct associeert met het verzamelen en nuttigen van voedsel. Die gedachte is deels terecht. Als gevolg van uitlaatgassen kunnen er namelijk zware metalen in planten en paddenstoelen terechtkomen. Ook wordt hier nog wel eens met pesticiden gespoten om onkruid tegen te gaan. Dit geldt doorgaans voor de 'functionele', saai ogende wegbermen waar hoogstens wat gras groeit. Hier valt dus sowieso niets te plukken.
Bermen die wel interessant zijn, zoals de bermen van fietspaden, zijn herkenbaar aan de rijke verscheidenheid aan bloemen en kruiden. Madeliefjes, hondsdraf, witte dovenetel en paardenbloem zijn allemaal eetbare soorten die je regelmatig in een onbespoten berm kan tegenkomen. Hiervan kun je eindeloze, kleurrijke salades maken.

SLOOT, GRACHT EN KANAAL
In de stadswateren kruipen en zwemmen eindeloos veel lekkere hapjes rond. Met een beetje lef vang je zo een visrijke maaltijd bij elkaar. Baars, brasem, kreeft en krab: bijna allemaal verkrijgbaar in

de wateren bij jou om de hoek. Uiteraard verschilt het per type water wat er zoal verkrijgbaar is. Bepalend is of het water zoet, brak of zout is. Vanzelfsprekend is de strandkrab meer een zoutwatertype, dus die vang je aan de kust. Daarentegen vang je de Amerikaanse rivierkreeft met gemak in de stadse, zoete binnenwateren.

DAK, MUUR EN STOEP

Je zou het niet zeggen, maar ook het groen op je stoep is eetbaar. Een mooi voorbeeld daarvan is rucola. De jonge blaadjes hiervan zijn heerlijk op een boterham of in een salade. En beschik je over een groen dak? Gefeliciteerd! Jij hoeft nooit meer naar de groenteboer. In de kruidenlaag groeien vaak heel wat eetbare bloemen en kruiden. Verrassend veel ingrediënten voor een groenterijke maaltijd of een zomerse salade groeien ook gewoon in perken en tussen de straatstenen. Stokroos en melganzenvoet zijn hiervan goede voorbeelden.

STRAND EN OMMELAND

Een aantal soorten in dit boek vind je alleen langs de vloedlijn, op het wad of in het ommeland. Steden als Den Haag, Rotterdam, maar ook Den Helder en Middelburg liggen in de buurt van deze plukplekken. Maar ook een uitstapje van het binnenland naar de kust is absoluut de moeite waard, ter verrijking van je in de stad geplukte maaltijd. Mosselen, alikruiken en zeekraal zijn hiervan goede voorbeelden. Wanneer het eb is op het wad en de mosselen en de alikruiken tevoorschijn komen, sla je heel gemakkelijk je slag. Als je een beetje een goeie mosselbank te pakken hebt, dan pluk je namelijk met gemak een emmer vol. Onderweg naar de mosselbank ben je de zeekraal waarschijnlijk al tegengekomen. Misschien wel een van de gezondste eetbare planten die Moeder Natuur ons gratis en voor niets aanbiedt. Deze plant groeit vaak in schorren en slenken. En onderweg terug naar de fiets of auto kan nog een portie rucola of een zoet smakende rimpelroos worden geplukt. De duinrand, en zelfs een opgespoten zandterrein in stedelijk gebied, is de plek waar je deze smaakmakers plukt.

MAARTS VIOOLTJE

LENTE

EETBARE VOORJAARS-BLOEMEN

Als wildplukker kan je gaan voor de bulkoogst, met brandnetels, zevenblad, berenklauw, noten en bessen. Maar je kan ook inzetten op de kers op de slagroom: de eetbare wilde bloem. De smaak van bloemen is meestal heel subtiel. Bloemen van de koolsoorten en de loken hebben wél een uitgesproken smaak.
Niet alle bloemen zijn eetbaar, wel veel. Van alle eetbare planten kan je de bloemen ook eten. Het seizoen voor eetbare bloemen start begin februari, als de bloemen van het klein hoefblad gaan bloeien. Mooie gele bloemen met een lichte artisjoksmaak, een perfecte kers op hartige gerechten.
Al snel volgen andere eetbare bloemen, zoals paardenbloem en het maarts viooltje. In het vroege voorjaar willen insecten ook van de eerste nectar snoepen. Pluk de bloemen van het vroege voorjaar daarom met mate en alleen als er veel staan.
Zodra de bloemen van de daslook gaan bloeien, in april, is het eetbare-bloemen-seizoen echt open: dan is er weer genoeg voor mens en dier. De daslook komt plaatselijk zeer algemeen voor: in parken en buitenplaatsen kan je zeeën van deze plant aantreffen. Recentelijk is hij dan ook van de rode lijst gehaald en is het niet meer verboden hem te plukken. De bloemen zijn heel speciaal, de knoflooksmaak van de plant mengt zich met de zoete nectar, echt lekker.
In het voorjaar heb je ook bulkbloemen, namelijk al die bloesem! Vlierbloesem is de bekendste, maar ook vogelkers, appel, sleedoorn en nog veel meer hebben kortstondig de hele boom of struik vol met voorjaarsbloemen. Allemaal mooi, én ideaal om siropen of thee mee te maken.

Om de geur en smaak van de bloemen het beste te vangen, maak je een siroop met koude extractie (zie recept op pagina 51). Dit recept is behalve voor vlier ook zeer geschikt voor rozen, vogelkers, seringen of de bloesem van de acacia. Al deze bloemen zijn ook een perfecte basis voor een verse kruidenthee.

WILDE LENTESALADE

Verzamel 2 handjes jonge blaadjes (bijvoorbeeld een mengsel van weegbree, veldzuring, paardenbloemblad en hondsdraf), 2 handjes eetbare bloemen, zout, olie en azijn.
Was de blaadjes, droog ze en hak ze grof.
Maak een dressing van appelazijn, zout en amandelolie. Meng alles, versier met extra bloemen of bloemblaadjes (bij bittere bloembodem alleen de blaadjes gebruiken) en serveer snel. De bloemen verleppen snel door de dressing.

MERINGUES VAN PAARDENBLOEM

Pluk een flinke hand paardenbloemen. Gebruik alleen de gele bloemblaadjes, alles met groen eraan is bitter! Verwarm de oven voor op 90 °C. Ontvet een kom en garde grondig met citroensap en klop 160 g eiwitten (vijf à zes kippeneieren) tot ze ongeveer viermaal hun volume hebben bereikt. Voeg 200 g suiker lepel voor lepel toe. Wacht met het toevoegen van de volgende lepel suiker tot de vorige geheel is opgenomen door het eiwit. Blijf kloppen tot er stijve pieken ontstaan. Schep driekwart van de bloemblaadjes voorzichtig door het eiwitschuim en doe het mengsel in een spuitzak met een kleine opening (ca. 0,5 cm). Spuit op een met bakpapier beklede bakplaat 45 meringues met een diameter van ca. 2 cm. Bestrooi met de rest van de bloemblaadjes en bak direct in ca. 3,5 uur af in de oven.
De meringues moeten zowel boven als onder mooi droog en hard zijn.

BRANDNETEL

Brandnetel zit bomvol voedingsstoffen. Deze plant is groente en vlees tegelijk. Dat laatste zit 'm in de stekels. Die stekels bestaan uit een naaldje van kiezelzuur gevuld met een beetje histamine. Dat komt hoofdzakelijk voor in dierlijke producten. Als het naaldje in de huid breekt, komt de histamine vrij. Dat jeukt.
Dat weet iedereen, daarom is de brandnetel de bekendste plant van Nederland. De bouwstoffen van deze 'brandharen' zijn supergezond. Daarbij is het ook een zeer vitaminerijke plant, en... de toppen van de jonge exemplaren hebben een voortreffelijke smaak. Superfood! Hoe ouder de plant wordt, hoe meer werkzame stoffen erin zitten. Dan is-ie nog wel geschikt voor een medicinale thee, maar niet meer echt lekker.
Brandnetels groeien op voedselrijke gronden; die vind je veel aan de randen van steden en dorpen. De plant is al eeuwen belangrijk voor mens en dier. Als voedsel, maar ook om touw of weefsels mee te maken. De stelen hebben heel stevige vezels, daarom eet je alleen de toppen. Brandnetels die in de volle zon staan zijn aantrekkelijk voor vlinders om eitjes op te leggen. Let daarop en laat brandnetels met piepkleine, oranje bolletjes onder het blad staan! Dat worden rupsen die zich willen voeden met deze planten.
Draag bij het plukken een paar stevige handschoenen. Mocht je toch geprikt worden, geen nood, er is een medicijn: weegbree. Weegbree is net als brandnetel een veelvoorkomende plant. Bij jeuk, niet alleen van brandnetels trouwens, even een weegbreeblad kneuzen en fijnwrijven op de jeukplek. Weg jeuk!

HARTIGE TAART MET BRANDNETELS EN KAAS
Pluk 100 g brandneteltopjes. Verwarm de oven voor op 190 °C. Was de topjes, met een handschoen aan, in ruim water, slinger droog en hak grof. Fruit in een klont boter 3 grofgehakte uien met Provençaalse kruiden, zout en peper. Voeg de brandnetels toe en laat in 10 min. slinken; af en toe omroeren. Laat het mengsel afkoelen tot lichaamstemperatuur. Voeg 5 eieren, zout en 225 g geraspte extra belegen kaas toe. Mengen en storten in een ingevette quichevorm die bekleed is met deeg voor hartige taart (uit het diepvriesvak van de supermarkt). Bak in 50 min. gaar.

EXTRA KRACHTIGE BOUILLON MET BRANDNETELPESTO
Zet voor de bouillon een karkas van klein wild (bijvoorbeeld eend of konijn) of van een kip op met 2 l water met ruim ui, selderij, knoflook, kraai- of bieslook en 1 el venkelzaad. Een paar uur laten pruttelen, vuur uit en een nachtje laten staan. Zeven, op smaak brengen met zout en afmaken met wat versgehakte lavas. Lavas (maggiplant) is een geweldig keukenkruid dat nauwelijks te koop is, dus wie het niet heeft: aanplanten in je tuin of in het dichtstbijzijnde plantsoentje; gebruik voor nu gehakte peterselie of venkelgroen.

BRANDNETELPESTO
80 g brandneteltopjes, pluk alleen de bovenste 4 tot 6 blaadjes van planten die de 50 cm nog niet overschreden hebben en er fris uitzien. De gewassen topjes in de blenderkom met 8 el olie, 2 el citroensap, 30 g hazelnoten en een snuf zout malen tot een mooie groene saus. 50 g geraspte oude kaas erdoor scheppen, proef op zout en citroen. Aan tafel een of meer el per kom warme bouillon. Eet met wat stevig brood en boter.

KRAAILOOK EN DASLOOK

Kraailook komt in Nederland zeer algemeen voor en is bruikbaar in uiteenlopende gerechten. Kraailook is lastig te herkennen omdat het, net als bieslook, op gras lijkt. Jonge kraailook kan je gebruiken als bieslook. Zodra de plant groot wordt is het echt het ruige, steviger broertje van de bieslook. Begin maart zijn de sprieten van de kraailook al behoorlijk stevig, ze zien er dan uit als bieslook die voor prei speelt. Zo smaakt deze wilde look ook. Goed fijngesneden kan-ie nog wel meedoen in een eiersalade, maar al snel is kraailook te taai voor rauwe verwerking.
Let in maart op het gras langs dijken, grote kans dat de kraailook je gaat opvallen. Ineens zie je het, steviger pollen van net een andere kleur, iets blauwiger dan gras, die bovendien bij het plukken naar look ruiken. Een geoefend oog ziet de nog kleine kraailook al in januari tussen het gras staan. Zelfs in een barre winter is er kraailook. Begin maart is de plant groot genoeg dat ook een beginnend wildplukker hem herkent. Op het oog is verwisseling met allerlei soorten gras mogelijk, maar als je je neus gebruikt kan er niks misgaan.
Daslook is de makkelijkst te herkennen wilde look. Deze soort heeft hogere temperaturen nodig om te groeien en is dus later te oogsten dan kraailook. Je vindt daslook vooral in parken en op buitenplaatsen onder bomen en struiken. De plant laat zijn neus zien als de aarde onder de nog kale takken door de voorjaarszon wordt opgewarmd. Dit gebeurt meestal in februari. Maar de echte oogst van dit knoflookblad valt in maart. Tot in mei kan je van deze plant oogsten; de plant sterft zodra eind mei de zaden rijpen.

KRAAILOOKSOEP MET LINZEN

(voor 3 personen)

Pluk een flinke bos kraailook, ruim 300 g, verwijder de lelijke blaadjes en was de kraailook, snij de bos in stukken van 1 cm. Wrijf 1 teaspoon komijnzaad fijn in een vijzel, laat dit samen met 1 teaspoon tijmblaadjes in een flinke scheut koudgeperste sesamolie warm worden. Voeg 110 g bruine linzen toe, laat die ook warm worden; er komt nu een heerlijke aardse geur uit de pan. Blussen met 1,5 liter bouillon, zelfgemaakt of van een tablet, en laat 25 min. koken. Voeg nu de gesneden kraailook toe en laat nog 15 min. zachtjes koken. Proeven op zout.

Serveren met stevig bruinbrood, boter en een (wortel)salade.

Bereidingswijze

Daslook is een heerlijke smaakmaker in soepen, sauzen en kruidenboters; de bloemen zijn de ultieme en heerlijk milde knoflook-versiering van een groene sla.

Een wilde kruidenboter maak je eenvoudig met fijngehakte daslook en zoute boter.

Met volle kwark en wat zout maak je met fijngesneden jonge kraailook in een handomdraai een heerlijke verse kruidenkaas.

PAARDENBLOEM

Paardenbloem, een plant met een beetje verwarrende naam, want hebben we het nu over de bloem of over de plant? Over de hele plant. Net als de goudsbloem heeft deze plant een bloemige naam. De bladeren van de paardenbloem hebben de vorm van een gestileerde kerstboom: lancetvormig. De bloemstengel is onvertakt en de plant heeft wit, bitter melksap. Paardenbloemen kunnen het hele jaar door bloeien, maar hebben een piek in april; dan kunnen hele weilanden geel kleuren. Je kan alles van deze plant eten, maar alle delen met melksap smaken bitter. De paardenbloem is een composiet, een samengestelde bloem die bestaat uit honderden bloembuisjes – hooi genaamd – met in ieder buisje een drupje nectar. Het gele 'hooi' van de bloem is dus zoet. De rest van de plant wil je 'ontbitteren' voor gebruik.
De Latijnse naam van de paardenbloem, *taracaxum officinalus*, is afgeleid van het Oudgrieks. Taracaxum staat voor medicijn tegen maag- en darmstoornis, en dat is de paardenbloem al eeuwen. En niet alleen voor mensen. In de veehouderij staat de paardenbloem bekend als plant die koeien en paarden graag eten om hun spijsvertering te reguleren.
De paardenbloem is een zeer algemene plant. Je kan de plant op iedere grondsoort vinden. Er zijn veel ondersoorten die zich aan specifieke terreinen hebben aangepast. De mooiste en lekkerste exemplaren vind je op vochtige en voedselrijke bodems. Daarom groeit hij graag in de (moes)tuin en dat is wel zo handig. Als je in het najaar de wortels van flinke planten opgraaft, kan je daarmee wilde witlof maken (zie hiernaast).

Bereidingssuggesties

Wilde witlof is heerlijk als sla of zachtjes gebakken in de roomboter.

De groene bladeren van de paardenbloem zijn het lekkerst in de herfst; als het al weken regent, maar nog niet koud is. Pluk dan de grootste groene bladeren en gebruik ze als basis voor een wilde salade. Snij hiertoe de bladeren in grove stukken en laat ze een uur in ruim water staan. Door osmose worden de bitterstoffen uit de bladeren getrokken en trekt fris water in de bladeren. Goed droog slingeren en versieren met eetbare bloemen en een honingdressing.

Vanaf april kan je het gele 'hooi' van de paardenbloem in salades en kruidenboters gebruiken.

Zie ook het recept voor paardenbloemmeringue op pagina 27.

WILDE WITLOF KWEKEN

Bij het 'winterklaar' maken van de (moes)tuin kom je ze altijd wel tegen, de wortels van de paardenbloem. Weggooien kan, maar de mooiste vijf apart houden en een eigen witlofkwekerijtje beginnen kan ook!
Schep een emmer halfvol met rulle tuinaarde. Plant daarin vijf dikke wortelpennen van de paardenbloem, steeds met gelijke afstand tot elkaar en de rand van de emmer. Vul de emmer helemaal met aarde, maar zo dat de kop van de wortelpennen net boven de aarde uit piept. Plaats deze kwekerij van wilde witlof (of 'molsla') onder in een donkere kast. In de kast moet het warmer zijn dan buiten, dan lopen de wortels snel uit. Door het ontbreken van licht blijven de blaadjes bleek en lekker zacht.

LOOK-ZONDER-LOOK EN PINKSTERBLOEM

Look-zonder-look is een plant uit de koolfamilie, net als de pinksterbloem. De plant houdt van een vochtige en voedselrijke bodem zonder direct zonlicht, daarom vind je hem vaak in de buurt van het struweel. De bladeren aan de voet van de plant zijn niervormig en de bovenste bladeren zijn hartvormig. De lichte knoflookgeur die vrijkomt als je de bladeren kneust is uniek voor een plant uit de koolfamilie.
Die knoflookgeur is heel bescheiden, daar hoeft niemand aan te wennen, maar net als alle planten uit de koolfamilie heeft look-zonder-look een licht bittertje en daar moeten sommige mensen wél aan wennen. Overigens verdwijnt het vleugje knoflook als je het blad meekookt en wordt het bittertje sterker. In een salade, pesto of een pistou komen de geur en smaak van dit blaadje helemaal tot hun recht.
Pinksterbloemen vind je voornamelijk in vochtige en natte graslanden, maar een enkele bloem verkiest de bosrand. De plant, eigenlijk het uitbundige zusje van de veldkers, werd vroeger als een wondermiddel tegen voorjaarsmoeheid gezien. De naam doet vermoeden dat de pinksterbloem rond eind mei op z'n hoogtepunt is, maar dat is niet zo. De eerste bloeien al in maart en tegen de tijd dat het Pinksteren is zie je hoogstens nog de laatbloeiers.
De pinksterbloem smaakt zoet en pittig. Stop er maar eens een in je mond, het zal je bevallen! Tijdens een banjer door de weilanden kun je opkomende vermoeidheid verdrijven met een paar happen van deze heerlijke bloem. De bloemblaadjes zijn rijk aan vitamine C, en de nectar in de bloem is een snel opneembare suiker, een topsnack.

WILDE SOEP MET PISTOU VAN LOOK-ZONDER-LOOK

Maak een soep van een (wilde)bottenbouillon, waar je witte bonen in kookt. Voeg op het laatst wilde groenten toe, zoals brandnetel, zevenblad en een handje blaadjes van de hondsdraf.
Wrijf een flinke hand jonge blaadjes van de look-zonder-look fijn in een vijzel, met een scheut olijfolie en een snuf zout. Maak hier lekker veel van. Schep het op de soep als die al in de kommen zit. Geef er zuurdesembrood en boter bij.

LINZENSALADE MET PINKSTERBLOEMEN

Pluk een flinke hand pinksterbloemen. Haal de bloemen voorzichtig van de steeltjes af en bewaar in een bakje. Niet wassen, dan verwijder je de nectar!
Was 150 g dupuislinzen en kook ze in 25 min. gaar (NIET weken), dan afgieten en 15 min. nagaren met de deksel op de pan. Meng in een saladeschaal de zest van 1 biologische citroen met fijn zeezout. Even het zout in de citroen laten 'bijten', dan 2 el milde sesamolie erdoor mengen en de linzen erbij. Roer er het sap van een halve el citroen en 3 slagen peper door.
Proef de linzen op zout en zuur, eventueel extra toevoegen. Meng 100 g feta door de linzen en versier op het allerlaatste moment met de pinksterbloemen. Geen pinksterbloemen? Die kan je vervangen door 50 g fijngesneden rucola, is per slot familie.

BERENKLAUW

De berenklauw behoort tot de schermbloemigen. De naam verwijst naar de vorm van het jonge, nog niet ontrolde blad, dat op de klauw van een beer zou lijken. Grof gezegd zijn er twee soorten berenklauwen, de eetbare en de niet-eetbare. De niet-eetbare reuzenberenklauw springt het meest in het oog. Hij werd in de 19e eeuw als tuinplant ingevoerd en is daarna verwilderd. Hij verspreidt zich gemakkelijk en heeft (schapen uitgezonderd) geen natuurlijke vijanden, waardoor hij vaak andere planten verdringt. Daarnaast bevat de plant netelharen die bij aanraking afbreken en de huid verwonden. In de netelharen zit namelijk furocumarine, een stof die in combinatie met zonlicht jeuk en forse brandblaren veroorzaakt op de huid.
De reuzenberenklauw vind je overal in de stad, maar vooral in de bermen van auto- en spoorwegen, aan de waterkant en op terreinen die niet worden onderhouden (op plekken die wel worden onderhouden wordt de plant vernietigd, zodat hij geen schade kan aanrichten aan mens en natuur). De reuzenberenklauw heeft een geribbelde, rood gevlekte stengel en kan in gunstige omstandigheden vier meter hoog worden.
Onze inheemse gewone berenklauw is in jonge vorm (april-mei) eetbaar – als groente of in de soep – en zeer smakelijk. De plant wordt maximaal twee meter hoog en is in de stad vooral te vinden op stikstofrijke, wat vochtige grond, zoals in bermen, op dijken, in parken en aan de rand van bosschages. De gewone berenklauw bloeit van juni tot oktober, en is dan getooid met witte bloemen. De steel is kantig, gegroefd en behaard, maar heeft in tegenstelling tot de reuzenberenklauw geen rode vlekken. Ook de gewone berenklauw bevat furocumarine, maar de jonge bladeren kan je gewoon met de hand oogsten. Pluk en eet de jonge scheuten van de gewone berenklauw voordat het blad zich ontrolt. De bloemknoppen kan je van april tot juli rauw eten (in salades) en de zaden zijn met hun citrusachtige aroma zeer goed te gebruiken als kruid.

FRITTATA VAN BERENKLAUW
Oogst twee handjes jonge berenklauwbladeren die nog niet of net ontrold zijn, was deze en snij in stukken van 2-4 cm. Fruit 1 gesnipperde kleine rode ui en 1 teentje knoflook in 20 g boter in een koekenpan, voeg de berenklauw toe en smoor gedurende 8 min. Klop 6 eieren met 2 el zure room, wat zout en gemalen zwarte peper en giet over het mengsel in de pan. Strooi over het geheel geraspte kaas en laat de pan op een laag vuur staan totdat het eimengsel gaar is en de kaas gesmolten. Snij de frittata in punten en serveer met brood.

BERENKLAUW NATUREL
Oogst 10 jonge scheuten berenklauw en stoof deze in wat water gaar in circa 10 min. Neem de berenklauw uit het kookvocht, voeg een klontje roomboter toe, en voeg eventueel wat zout, vers gemalen peper en een beetje citroensap toe. Heerlijk met kruimige aardappel.

BERENKLAUWAZIJN
Oogst van ongeveer 6 uitgebloeide bloemschermen de zaden. Doe ze in een schone en afsluitbare fles of pot en voeg 1 l witte wijnazijn toe, sluit af en laat 2 tot 3 weken staan. De smaak is mild en de azijn is goed te gebruiken als dressing bij salades, rauwkost of bij het bereiden van stoofvlees.

ZURING EN KLAVERZURING

Er zijn vele soorten zuring die eetbaar zijn, maar niet alle soorten zijn te vinden in de stad. Veldzuring, schapenzuring, moeraszuring, krulzuring en geoorde zuring zijn soorten die je in stedelijk gebied wel gemakkelijk kan vinden. Zo legt veldzuring met zijn rode stengels en bloemen een rode waas over grasland, is de schapenzuring herkenbaar aan zijn spiesvormige blad, de krulzuring aan zijn gekroesde bladrand, de kluwenzuring aan de rechtopstaande gezigzagde, rood aanlopende stengels en de moeraszuring aan zijn lengte (tot een meter hoog). Zuring staat langs grachten, vijvers, sloten, kanalen en heggen, in natte en verruigde graslanden, op industrieterreinen, opgespoten vlakten en braakliggende terreinen en in ruigten.
Zuring is rijk aan vitamine C en de blaadjes kun je in de keuken voor van alles gebruiken: in salades, stamppot en soep.

In Nederland zijn er verschillende soorten eetbare klaverzuring, maar in de stad is de gehoornde klaverzuring het meest interessant. Deze soort komt uit Zuid-Europa, maar heeft de afgelopen dertig jaar de steden veroverd. De plant is herkenbaar aan zijn paarsbruine, hartvormige bladeren, die altijd in groepjes van drie staan. Zijn kruipende stengels zijn in de bloeitijd getooid met gele bloempjes, die je salade kunnen opvrolijken. Gehoornde klaverzuring groeit aan de rand van tuinen, in plantsoenen, rond straatbomen, in plantenbakken, op ruige of braakliggende terreintjes, maar vooral tussen stoeptegels en aan de voet van muren. Via gedumpt tuinafval verspreidt de plant zich als een razende door de steden.

Als je de blaadjes van klaverzuring in je salade, saus of soep wil gebruiken, trek er dan op uit vanaf maart tot en met juli. Zuring is het hele jaar te plukken. Zuringblaadjes zijn rijk aan vitamine C en heerlijk door de stamppot. De jonge blaadjes van klaverzuring smaken naar friszure appel en doen het goed in kruidenboter.

BLOEDZURING (LINKS) EN VELDZURING

ZURINGSOEP

Snij 300 g gewassen zuringblaadjes in reepjes en smoor in 30 g boter. Maak 50 g tarwebloem aan met 1 dl koude melk en bind daarmee 1 l gezeefde en ontvette runderbouillon zodra deze kookt. Breng de bouillon opnieuw aan de kook en voeg na 5 min. de gesmoorde zuring, versgemalen zwarte peper en zout naar smaak toe. Maak de soep voor het opdienen af met een ½ dl room.

PESTO VAN KLAVERZURING

Doe 30 g goed gewassen klaverzuring (blaadjes en steeltjes), met 30 g Parmezaanse kaas, 8 geroosterde hazelnoten, ½ teen knoflook, wat zout en 75 ml extra vergine olijfolie in een hoge beker en pureer met de staafmixer tot pesto. Breng op smaak met versgemalen zwarte peper. Heerlijk bij pasta en op gestoofde groenten zoals wortelen, lof of prei. De pesto is in de koelkast zo'n 3 weken houdbaar.

Bereidingswijze

Wilde kruidenkaas

Pluk gelijke delen hondsdraf, smalle weegbree, zevenblad, zuring en brandneteltopjes, in totaal 75 g. Was de kruiden, dompel de brandnetel even onder in kokend water om de prik te verwijderen. Slinger ze droog en hak ze zeer fijn. Schep ze met een snuf zout door 500 g verse kaas (fromage frais), niet te veel roeren. Platte kaas, in Nederland te koop als volle Franse kwark, is het lekkerst, maar je kan ook hüttenkäse gebruiken. Lekker als saus bij mosselen of gestoomde oesters. Klassiek op een stokbroodje kan ook.

VOEDER- EN VOGELWIKKE

Voederwikke en vogelwikke zijn heel sierlijke, kleine wilde peultjes. De bloemetjes van deze planten zien eruit als de bloemetjes van het peultje, maar dan in kabouterformaat. De top van de bladsteel is een klimrank, daarmee klampt de plant zich vast, om boven het maaiveld uit te kunnen steken. Samen met hun gedomesticeerde neefjes en nichtjes, zoals de sperzieboon, het erwtje, en de bruine boon, zijn ze lid van de familie van de vlinderbloemachtigen. Dat is een grote familie – van boom tot minipeul.

Mensen eten al wikkes sinds de oertijd, ze behoren tot de eerste planten die werden gecultiveerd door onze neolithische voorouders. Maar let op: deze wilde boontjes bevatten giftige stoffen. De bloemen en jonge scheuten van deze planten zijn veilig te eten, maar de bonen en de peultjes kan je alleen in kleine hoeveelheden rauw eten. Als je er serieus van wil eten, kook dan de peultjes en zaden goed gaar en gooi het kookwater weg.

Voeder- en vogelwikke hebben soortgenoten die er bijna hetzelfde uitzien, maar toch net even anders zijn, alleen te onderscheiden door de echte wikke-kenner.

De plantjes zijn klein en rank, en je ziet ze gemakkelijk over het hoofd. Toch zijn het algemene soorten die overal in Nederland voorkomen. Voor de smaak maakt het weinig uit, het zijn allemaal mooie wilde peultjes. Het is leuk je te verdiepen in deze elegante soorten; om ze bij de juiste naam te noemen zal je een determinatiegids moeten kopen (zie de literatuurlijst achterin).

COQUILLE OP EEN BEDJE SCHEUTEN VAN WILDE PEULTJES

Pluk 2 handjes van de topscheutjes van de voederwikke, het mooiste is als er een bloempje aan ieder scheutje zit. Voorzichtig wassen en drogen, even kijken of er geen mieren in het bloempje zitten. Maak een dressing van citroensap, honing, zout en olijfolie. Meng de scheuten met de dressing en verdeel over 2 bordjes. Bestrooi 4 coquilles met peper en zout en leg apart. Bak ze kort in hete boter en laat ze in de pan even afkoelen. Serveer ze op de scheuten.

Bereidingssuggesties

Voeder- en vogelwikke zijn bij uitstek geschikt om gerechten te decoreren of als ingrediënt in een wilde sla. De bloemen van beide planten zijn perfect in een bloemenboter.

De bloemen van de vogelwikke zijn ook zeer geschikt als tempura. Maak een beslag van maizena, speltbloem en spa rood; goed roeren. Houd goed koud tot gebruik. De bloemen erdoor halen en direct bakken in hete arachideolie. Uit laten druipen op papier en bestrooien met zout. Een heerlijk borrelhapje!

Droog de bloemen van de vogelwikke voor een wilde kruidenthee. Ze smaken daar prima in, en ja, het oog wil ook wat!

MOSTERD EN RUCOLA

Mosterd en rucola, twee leden van een geweldige plantenfamilie: de brassicaceae ofwel kruisbloemigen. De bloemen van de leden van deze familie hebben vier blaadjes die een kruisje vormen, vandaar de naam kruisbloemig. Deze familie van de koolsoorten is enorm groot, en alle leden van deze familie zijn eetbaar.
Mosterd, officieel ‘zwarte mosterd’, is een geel bloeiende kruisbloemige (zie pagina 10-11). Kruisbloemigen bevatten altijd bitterstoffen en mosterdolie; de mosterdplant bevat relatief veel mosterdolie. De bloemen hebben een – bam! – wasabi-achtige smaak. De bladeren hebben ook een pittige smaak, die echter verloren gaat bij verhitten. Na verhitting blijft alleen de bittere smaak over, en daar moet je maar net zin in hebben. De nerven van de bladeren van grote, jonge en sappige mosterdplanten zijn geschikt om kimchi van te maken. De flinke plant groeit het liefst op voedzame bodem; daar kan de plant bijna twee meter hoog worden.
Koolzaad lijkt erg op mosterd en behoort ook tot de kruisbloemigen. Koolzaad is te onderscheiden van mosterd doordat de bladeren en stelen glad zijn, terwijl deze bij de mosterd harig zijn. Koolzaad is blauw-grijzer dan de heldergroene zwarte mosterd. Daarnaast is de soms manshoge zwarte mosterd meestal groter.
Ook de veelvoorkomende herik, een harig neefje, hoort in de reeks ‘pittige blaadjes met een geel bloempje’. Om al deze familieleden goed te determineren moet je met een flora op stap (zie de lijst achterin). Voor de wildplukker is de exacte naam minder interessant, alle planten uit de kruisbloemige familie zijn eetbaar en smakelijk!

Wilde rucola, of grote zandkool, is zeer algemeen in het westen van ons land. Het is een vaste wilde plant uit de koolfamilie. De plant begint als een klein bladrozet, maar kan uitgroeien tot een laag struikje. De plant is ideaal voor salades of om te verwerken in een pesto. Het blad lijkt op de bladeren van rucola zoals wij die uit de supermarkt kennen. De geur is identiek. Maar de smaak: echt veel pittiger! De bloemen bevatten vrij veel nectar en zijn zoet-pittig van smaak.
De plant er niet uitrukken, maar met een mes afsnijden boven de eerste zijtak. Dan kan er twee maanden later nóg eens van geoogst worden.

WILD HAPJE VOOR DE MOEGEWANDELDE WILDPLUKKER

Neem een hand wilde rucola (blad en wat bloemen), een bakje hüttenkäse en een snuf zeezout. Was de rucola, snij fijn, doe de hüttenkäse in een mooi bakje, roer er wat zout door, smeer op lekker brood en versier met de bloemen.

PASTA MET WILDE PESTO

Pluk 200 g wilde rucola, doe die met 75 g hazelnoten, 1 teen geperste knoflook, een flinke scheut olijfolie en een snuf zout in een hoge beker. Zet de staafmixer erop. Schep er 60 g geraspte oude kaas door. Proef op zout. Schep op tafel op een bord pasta. Serveer met een gepocheerd ei.

HARTIGE MOSTERDPANNENKOEKJES

Bak het mosterdblad mee in een pannenkoekje! De mosterdolie in het mosterdblad verdampt snel bij verhitting. Wat overblijft is de bittere smaak die door de olie verdoezeld werd. Maar als je het blad meebakt in een pannenkoekje blijft de pittige smaak behouden. Vul zo'n pannenkoekje met linzen en feta, mosterdbloemetjes erop en je hebt een fantastisch mooi, voedzaam en lekker gerechtje!

GANZENVOET EN MELDE

Melganzenvoet en melden behoren tot de amarantenfamilie, waartoe bijvoorbeeld ook de quinoa of gierstmelde behoort. De jonge bladeren van deze eenjarige planten zijn eetbaar en hun zaden werden in de prehistorie al geoogst om meel van te maken voor het bakken van brood. In de stad komen alleen de uitstaande melde en spiesmelde algemeen voor. Ganzenvoet en melde lijken erg op elkaar, maar er zijn wel wat verschillen. De melganzenvoet, ook wel witte ganzenvoet, kan 1,5 meter hoog worden en heeft een wat rode, gegroefde stengel. De heldergroene bladeren zijn aan de onderkant glinsterend meelachtig wit en zeer verschillend van vorm (langwerpig, ei- of ruitvormig; soms getand, soms niet). De bladeren aan de voet van de stengel lijken op ganzenpoten. De spiesmelde (20-90 centimeter) heeft rechtopstaande of liggende stengels en kleuren vaak rood. De bladeren zijn spiesvormig tot driehoekig en de jonge bladeren zijn melig behaard. De uitstaande melde (10-90 centimeter) heeft sterk vertakte stengels, die behaard en geribd zijn en meestal rechtop staan. De bladeren zijn langwerpig, driehoekig of ruitvormig.
De drie soorten komen zeer algemeen voor in de stad. De melganzenvoet groeit vooral op vochtige, stikstofrijke grond in bermen en langs waterkanten.
Op braakliggende terreinen en bij de aanleg van wegen kan de melganzenvoet als pioniersplant in een paar weken tijd de bodem helemaal bedekken. In plantsoenen en tuinen wordt de plant als lastig onkruid beschouwd.
Uitstaande en spiesmelde zijn in de stad vooral te vinden in bermen, op ruigten, omgewoelde en braakliggende grond, op puin en stenige oevers en in tuinen en plantsoenen.
De jonge blaadjes van ganzenvoet en melde hebben een spinazieachtige smaak, maar zijn wel een stuk steviger van structuur. Pas op, het blad bevat net als rabarber hoge concentraties oxaalzuur! Dat kan op zich geen kwaad, zolang je er geen kilo's van eet. De bladeren gebruik je verder net als spinazie: gekookt, of rauw in salades.

MELDE- OF GANZENVOETSOEP

Snipper 1 ui en 1 knoflook, smelt 10 g boter in een ruime soeppan en fruit zachtjes op niet te hoog vuur ca. 10 min. Voeg 250 ml water en 1 groente-bouillontablet toe en breng aan de kook. Voeg 200 g gewassen en grofgesneden blaadjes van melde of ganzenvoet toe en laat nog 2-3 min. koken. Neem van het vuur en pureer met de staafmixer tot een gladde soep. Voeg 20 g boter (in blokjes) toe en roer tot de boter helemaal is opgenomen (gebruik eventueel de staafmixer). Breng op smaak met versgemalen zwarte peper. Serveer in kommetjes en garneer met crème fraîche.

BRUSCHETTA VAN MELDE OF GANZENVOET

Verwarm de oven voor op 200 °C en snij 300 g gewassen blaadjes van melde of ganzenvoet in grove stukken. Snipper 1 sjalotje en 1 teen knoflook en snij 8 zwarte olijven fijn. Verhit in de koekenpan 1 el olijfolie en fruit knoflook en sjalotje 2 min. Bak daarna olijven ca. 1 min. mee en vervolgens ca 3 min. de melde of ganzenvoet terwijl je goed blijft roeren.

Snij van bijvoorbeeld een ciabatta (of ander stevig brood) sneetjes en beleg deze met het melde- of ganzenvoetmengsel. Bestrooi met Parmezaanse kaas en versgemalen zwarte peper. Bak de bruschetta nog ca. 3 min. in de oven en serveer direct.

BOSKRIEK

De boskriek of zoete kers is de stamvader van onze gecultiveerde kers. De zoete kers kan twintig meter hoog worden en valt op door de prachtige bast op de stam. Die bast is zilverachtig bruin van kleur met een purperen zweem, heeft lichtgekleurde horizontale strepen en kan gelijk een berk bladderen. Wat ook opvalt is de zeer uitbundige bloei, vanaf medio april tot begin mei. De krachtige bloei is kort en wordt getriggerd door de eerste warme lentedagen. De trossen met bloesem kleuren prachtig wit. De bladeren schieten gelijktijdig met de bloesem uit de knoppen en zijn aanvankelijk lichtbruin en zacht. Binnen enkele dagen groeien ze uit tot dunne, donkergroene bladeren van zes à vijftien centimeter, die langwerpig of ovaal van vorm zijn en een licht gezaagde bladrand hebben.

De kersen hangen in trosjes aan lange stelen en kleuren van rood tot soms paarsachtig zwart; ze zijn rijp vanaf eind juni. Hou het goed in de gaten, want veel vogels zijn er gek op. Zijn Latijnse naam is niet voor niets *Prunus avium*: 'avium' betekent 'van vogels' dus wees er op tijd bij! Oogst natuurlijk niet alles (als dat door de hoogte en het formaat van de boom al mogelijk is), maar laat genoeg kersen hangen voor vogels en andere plukkers. Van het fruit dat van de boom valt, eten ook vossen en muizen graag.

In de stad is de zoete kers vooral te vinden in parken, struinbossen en de bosschages langs wegen en sportparken. Soms worden ze ook als straatbomen aangeplant. Zoete kersen verwilderen gemakkelijk, omdat vogels overal de pitten uitpoepen.

De smaak van de zoete kers verschilt behoorlijk van die van cultuurkersen, die zijn gekweekt op hun zoete smaak en ook meer vruchtvlees hebben. De vruchten van de zoete kers zijn klein, hebben weinig vruchtvlees, en hebben een krachtige, wat zoetzure, frisse smaak. Ook de bloesems van de zoete kers kunnen worden gegeten, bijvoorbeeld vers of gefrituurd in de salade. Van de gedroogde bladeren kun je thee zetten. De jonge, tere bladeren zijn heel lekker in een salade.

ZOETZUUR VAN KRIEKEN

Pluk 500 g krieken, maak goed schoon, ontsteel en droog. Beschadigde krieken verwijderen. Neem een schone weckpot en vul deze met de krieken tot 1 cm onder de rand. Verhit in een roestvrijstalen pan 3 dl wijnazijn, en voeg 10 gekneusde peperkorrels, 50 g witte basterdsuiker en 2 takjes dragon toe. Roer totdat de suiker is opgelost. Breng het mengsel aan de kook en giet het over de krieken totdat ze onder staan. Sluit de weckpot en zet koel en donker weg. Na 3 weken zijn de zoetzure krieken op smaak. Serveer bij paté, leverworst, jonge kaas of stamppot boerenkool.

KRIEKEN IN SUIKERSTROOP

Pluk 500 g krieken, maak schoon, ontsteel en ontpit en leg in een platte schaal. Breng 1,5 dl water met 500 g suiker aan de kook, schuim af en laat 2 min. zachtjes koken; geef de suikerstroop eventueel een pittige bite door 1 jeneverglas kirsch (zo'n 40 ml) toe te voegen. Schenk de suikerstroop over de krieken en laat deze enkele uren op een koude plaats afkoelen. Breng de krieken vlammend op tafel door er een scheut verwarmde kirsch over te gieten en deze aan te steken. Lekker bij ijs.

ZEVENBLAD EN HONDSDRAF

Traditioneel is zevenblad een gevreesd onkruid, maar met een frisse blik op de plantenwereld wordt het een lekkere groente. Van het piepkleine, glanzende en lichtgroene blad maak je een salade. Het grote blad is bruikbaar voor allerlei voorjaars- en zomersoepen. Na de langste dag is het zevenblad te oud en smaakt het te sterk. Pluk het dan alleen op plekken waar eerder gemaaid of gewied is, zodat je jong blad kan oogsten.
Zevenblad vind je in veel tuinen en parken én overal in het wild waar ooit eens iemand tuinafval dumpte. Ga met een emmertje de tuin in (of die van de buren) en trek zevenblad met wortel en tak de grond uit tot je emmer vol is. Wieden en oogsten ineen. Steel en wortels verwijderen en afvoeren in een vuilniszak. Maak van het blad een hartige taart of de hier beschreven soep.
Hondsdraf vind je bijna overal. Dat was in de Romeinse tijd al zo. Romeinen zagen de plant, zo beweerden ze, overal waar ooit een hond had gelopen. Vandaar hondsdraf. Hondsdraf heeft een sterke, kruidige smaak. Ongeveer de helft van de mensen vindt 'm heerlijk, de andere helft trekt een vies gezicht. Probeer te denken aan een combinatie van munt, tijm en oregano: een stevige smaak. Het is meer een kruid dan een wilde groente. In combinatie met andere planten is het een topsmaak.
Een pesto van brandnetels wint aan smaak door hondsdraf, en ook in een gemengde salade van wilde planten is hondsdraf heerlijk. Behalve het blad zijn ook de bloemen eetbaar. De bloemen smaken heel mild en o, wat zijn ze mooi! Het kost wat tijd, maar de kleine paarse bloempjes zijn de perfecte decoratie van een stoere wilde sla. Hondsdraf is een plant die niet meteen met iedereen vrienden maakt – totdat ze de bloempjes zien.

ZEVENBLADSOEP MET BALLEN
(maaltijdsoep voor 5 personen)
Pluk een vergiet zevenblad, was in ruim water. Snij de bladeren fijn en zet apart.
Draai ballen van 500 g half-om-halfgehakt, aangemaakt met een schepje sambal, zout en 2 fijn verkruimelde beschuitjes.
Fruit een laurierblad, een tak rozemarijn en wat takjes tijm in olijfolie, voeg een gesnipperd uitje en 150 g linzen toe, blus met een glas witte wijn. Voeg 2 l kruidenbouillon toe en laat 25 min. pruttelen. Dan het zevenblad toevoegen, de ballen op het zevenblad leggen en zachtjes weer aan de kook brengen. Na 20 min. is de soep klaar.

GEMENGDE WILDPLUKSLA
Pluk aan de rand van een bosje gelijke delen van jonge hondsdraf, veldkers, zevenblad, de kleine blaadjes van de smalle weegbree en het blad van de paardenbloem. Hou de paardenbloembladeren apart, snij ze in drieën en leg ze een halfuur in koud water; dat ontbittert. De rest goed wassen en drogen in de slacentrifuge. (Speenkruid past er ook goed bij, lekker pittig, maar dat bevat een klein beetje van de giftige stof protoanemonine, dus met mate gebruiken.)
Aanmaken met olijfolie, citroensap en zout. Mocht je bang zijn voor de combinatie van krachtige smaken, snij er wat gekookte eieren doorheen, dat maakt de salade mild.

VLIER

De vlier is een zeer algemene struik, omdat hij in veel grondsoorten kan aarden en de zaden verspreid worden door vogels, zoals spreeuwen en duiven. Hij staat overal in Nederland. De takken van de vlier hebben een opvallende droogschuimachtige kern die merg wordt genoemd.
De vlierbloesem is de bekendste bloem om siroop van te maken. Het bijgevoegde recept maakt een rauwe siroop door middel van koude extractie, een methode om de nectar en het stuifmeel van bloemen te vangen zonder verhitting. Het eindresultaat is minder lang houdbaar, maar heeft een intense geur en heerlijke smaak. Bij verhitting verdampt veel etherische olie uit de stuifmeel en nectar. Verhitting is wel een goed idee als je twintig flessen in één keer maakt die je het hele jaar wilt bewaren. Was de bloemschermen niet voor het bereiden! Dan spoel je de nectar en het stuifmeel weg en die wil je nu juist bemachtigen.
Vanaf eind augustus, begin september zijn de bessen van de vlier rijp. De vlierbessen zijn rauw licht giftig. Wat van de struik snoepen kan, maar bij grotere hoeveelheden moet je de bessen koken. Het sap van de gewone vlier wordt al eeuwen gebruikt als middel om griep en verkoudheid te voorkomen of te verzachten. De gedroogde bloemetjes van de vlier zijn – eventueel met zuring en jonge brandnetel – heerlijk in een wilde kruidenthee!
Let bij het plukken van de bessen altijd even op of je niet per ongeluk bij de kruidvlier staat, want daar zit een gif in dat zelfs bij verhitting niet verdwijnt. Kruidvlier is herkenbaar aan de frisse groene stelen en het rozerode hartje in ieder bloemetje. Omdat de plant in de winter helemaal afsterft heeft een kruidvlier nooit meerjarige stelen van bruinig oud hout, zoals een vlierstruik die wel heeft.
De kruidvlier is een zeer zeldzame plant.
De gewone vlier heeft nog twee naamgenoten, de peterselievlier en de trosvlier, beide komen niet algemeen voor, maar zijn ook niet zeldzaam zoals de kruidvlier.
De bessen van de trosvlier zijn oranje.
De peterselievlier lijkt sprekend op de gewone vlier, alleen het blad is anders, namelijk fijn vertakt. De bessen van deze beide vlieren kunnen, na verhitting, gegeten worden.

PANNA COTTA MET VLIERBESSENSAP
(toetje voor 6-10 personen)
Doe voor de panna cotta 1 l slagroom met 100 g suiker en 2 opengesneden vanillepeulen in een pan. Breng bijna aan de kook en laat de peulen een uurtje op een laag vuur trekken. Week 10 velletjes gelatine in koud water. Haal de pan van het vuur. Verwijder de peulen, schraap de zaadjes uit de peul en doe die ook in de pan. Knijp de blaadjes gelatine uit en los ze op in de warme room. Vul kleine bakjes met de room, dek af met folie, en zet een paar uur in de koelkast.
Pluk bijna een pond vlierbessen met scherm. Was, selecteer en rits ze. Doe 300 g bessen met 100 ml water in een pan, laat 20 min. koken, druk ze door een zeef. Zet het sap op met 75 g suiker; even in laten koken en in een flesje schenken. Stort de roompuddinkjes op een schaaltje en overgiet met vlierbessensap.

BLOESEMSIROOP, OP BASIS VAN KOUDE EXTRACTIE
Breng 1 l water aan de kook en los daarin 1 kg suiker op. Laat afkoelen. Pluk 2 vergieten vol bloemschermen van de vlier. Kijk of er geen beestjes op zitten; schud of blaas die er zonodig af (niet wassen!). Doe ze in een schaal en overgiet met de afgekoelde suikerstroop. Zet 48 uur op een koele plaats, zeef, en giet in gesteriliseerde flessen. Koel 4 à 12 weken houdbaar. Heerlijk met koude prosecco.

IEP

Eeuwenlang was de iep een van de meest beeldbepalende bomen in veel Nederlandse steden, met name in het westelijk deel van het land. Amsterdam is zelfs de iepenhoofdstad van Europa. Liefst zestig procent van de bomen in het centrum aldaar is iep. De iepen zijn zo massaal aangeplant in de steden, omdat ze goed zijn opgewassen tegen het stadse leven. Denk hierbij aan strooizout en het telkens weer opnieuw inrichten van de straat. Door de opmars van de iepziekte zijn in de loop van de vorige eeuw veel iepen uit het straatbeeld verdwenen, maar er staan er nog ruim voldoende om in het voorjaar een heel bijzonder en smakelijk spektakel te veroorzaken: *spring snow* of lentesneeuw. Ieder jaar rond begin mei dwarrelen er duizenden zaadjes van de iep naar beneden en bedekken de straten van de stad. Soms ontstaat door de wind zelfs een heel winterlandschap, waarbij de zaadjes heuvels vormen van wel een halve meter hoog.
De iep is uiterst voedzaam. Vroeger werden de takken en bladeren aan de koeien te eten gegeven om de melk (en de boter) smakelijker te maken. De ontluikende iepenknoppen en zowel de groene als de vers neergedwarrelde zaden ('dubbeltjes') kan je verwerken in salades.
De zaden hebben een frisse, peperachtige smaak en in sommige streken werden ze wel gegeten onder de naam keverbrood. De droge zaden zijn het lekkerst als je ze even roostert.
De zaadjes schijnen ook lust op te wekken. Het eten van een iepzaadrijke maaltijd kan dus leiden tot een prikkelende lente.

LENTESALADE

(voor- of bijgerecht voor 2 personen)
Gebruik voor deze salade het verse zaad van de iep. Dat zit in maart en april aan de boom. Knip met een snoeischaartje een takje af en gebruik de zaden met vlies en al in deze salade. Neem 100 g veldsla. Was en droog de blaadjes. Voeg de iepenzaadjes toe. Trek een bol mozzarella uit elkaar, voeg toe. Maak een dressing van een ½ tl frambozenazijn, een ½ el milde olijfolie, naar smaak peper en zout. Hussel de dressing door de salade, proef de lente!

CRISPY IEPENBLAD IN EEN ZOET TEMPURAJASJE

Verzamel iepenblad en voor de leuke vormen ook bladeren van esdoorn en meidoorn. Goed wassen en kurkdroog (!) maken. Voor het tempurabeslag: meng in een kom 3 eidooiers met 5 dl ijs(!)koud water (water dat in de koelkast heeft gestaan met ijsklontjes erin). Klop er snel 125 g bloem, 25 g maïzena, 1 el fijne kristalsuiker, 2 el sesamzaad, en peper en zout door. Roer met een vork alles door elkaar. Klontjes in het beslag zijn niet erg. Haal de bladeren door wat maïzena en klop af; zo hecht het beslag beter. Haal de bladeren in kleine porties snel door het beslag en frituur ze in olie (druivenpit-, zonnebloem- of maiskiemolie) van 180 °C, ongeveer in 3-4 min. Zorg dat het laagje dun en knapperig is. Laat uitlekken op keukenpapier.

JAPANSE DUIZENDKNOOP

De heftig woekerende Japanse duizendknoop is een ramp voor de natuur. Ooit geïmporteerd als sierplant, maar uit tuinen ontsnapt. Of, vaker, als tuinafval gedumpt in de rafelranden van steden en dorpen. De plant groeit inmiddels in iedere ruigte, berm en oever en komt ook in natuurgebieden voor. De stevige vaste plant van ruim een meter hoog neemt hele terreinen over. Het enige wat helpt is veel maaien of chemisch bestrijden. Uitgraven is lastig; een klein stukje wortel kan in een seizoen weer een hele plant worden. De plant lijkt wat op bamboe door de holle stelen met segmenten, maar dat is een heel andere soort. Japanse duizendknoop is lid van de duizendknoopfamilie, net als veldzuring, adderwortel en rabarber. De stelen staan ook wel te boek als wilde rabarber. Qua smaak is het eerder een kruising tussen gras en rabarber. De stelen zijn op hun lekkerst als ze jong en knapperig zijn en eruitzien als stevige rode asperges. Dat is een heel korte periode in het voorjaar, want de plant groeit snel. Misschien is het even zoeken naar een oogstplek in de buurt, maar als je hem eenmaal in de gaten hebt zie je hem overal.
Hij staat in de top 100 van meest invasieve soorten ter wereld, soorten dus die zich gemakkelijk vermeerderen buiten hun oorspronkelijke gebied. De gerenommeerde International Union for Conservation of Nature maakte deze lijst om de biodiversiteit te beschermen. Invasieve soorten bedreigen deze sterk. Het is een onkruid waar we niet meer van af komen, maar we kunnen het wel opeten: een smakelijke pleister op de wonde. De plant is bruikbaar in zoete en hartige gerechten.

SIROOP VAN JAPANSE DUIZENDKNOOP MET VERSE LAURIER

Pluk een flinke bos sappige stelen van de Japanse duizendknoop. Groter dan een asperge is een pre, want die hebben meer smaak. Tot de plant gaat bloeien, vanaf eind juni, kan je van de sappige stengels siroop maken. Eet de blaadjes niet, die smaken vies.

Verwijder de bladeren en de topjes. Snij in stukken, overgiet met 50 g kristalsuiker per 100 g gehakte stelen. Zet 24 uur in de koelkast. De suiker onttrekt het vocht aan de stelen. Dan opzetten en koken tot de stelen zacht zijn. Door een fijne zeef halen en zachtjes aandrukken, nog even opkoken en in een gesteriliseerde fles gieten waarin per liter 4 verse blaadjes laurier zitten. Twee dagen trekken, dan is het aroma top! Heerlijk bij vanille-ijs of volle kwark.

Bereidingssuggesties

De mild kruidige en licht zure smaak maakt de jonge scheuten van de Japanse duizendknoop perfect om mee te wokken in Aziatische gerechten. Let wel op dat je de iets dikkere stelen schilt, want het schilletje van de grotere stelen is taai.

De scheuten van de plant doen het goed in kruidige (wild)stoofschotels.

Deze 'wilde rabarber' kan je ook prima gebruiken in klassieke rabarberrecepten. Doe er minder suiker in, want deze stelen zijn veel milder van smaak!

VOORJAARS-PRONKRIDDERZWAM

Vanaf april kan je uitzien naar de voorjaarspronkridderzwam. Vooral in weilanden, maar ook in bosranden en vochtige bosjes. Het is een mooie en erg lekkere zwam. De hoed is 5 tot 15 centimeter in doorsnee, vuilwit tot crèmekleurig. Het vlees van de zwam is mooi wit. In een vochtig voorjaar zijn de zwammen veel groter dan in een betrekkelijk droge lente.
De zwam groeit meestal in een heksenkring. Het gras aan de randen van de heksenkring is groener dan de rest. Dat komt doordat het mycelium van de zwam samenwerkt met het wortelstelsel van het gras. Het mycelium is het ondergrondse organisme dat zwammen als vruchtlichamen produceert. Het gras verteert de grovere voedingsstoffen in de bodem en het mycelium mag mee-eten. In ruil daarvoor krijgt het gras suikers van het mycelium. Gras dat veel suikers eet is groter en mooier – dat zie je dus. Zwammen jagen voor de pot is enorm leuk, maar ga wel met *De grote paddenstoelengids voor onderweg* (zie pagina 150) in de hand het veld in. Alleen als de zwam die je vindt honderd procent overeenkomt met de tekst van het boek, kan je plukken. Bij twijfel niet plukken. Er bestaat een mooie verzameling dodelijk giftige zwammen en die wil je echt, echt niet eten. Zwammen determineren kan je uit een boekje leren, of volg een keer een training. Helaas is de schrijver van de paddenstoelengids, Ewald Gerhardt, niet zo positief over de smaak van de voorjaarspronkridderzwam. Hij omschrijft de geur van de zwam als die van ranzig meel. Anderen omschrijven de geur als iets van vers meel of licht komkommerachtig. Een mooie, frisse geur, die overigens verdwijnt als je de zwam bakt. Gebakken smaakt-ie naar een vlezig soort champignon. Smaak en structuur combineren prima met vlees en ei.

CHIPS GEVULD MET VOORJAARSPRONKRIDDERZWAM

Verwarm een oven voor op 120 °C. Snij een grote, stevige voorjaarspronkridderzwam in flinterdunne plakjes. Dit gaat het best met een mandoline. Doe hetzelfde met 2 vastkokende aardappelen. De aardappelflinters kort blancheren en droogdeppen. Doe steeds 1 plakje zwam tussen 2 plakjes aardappel en leg op een bakplaat bekleed met bakpapier. Dek af met een laag bakpapier en een gewicht, bijvoorbeeld een andere bakplaat. Bak deze gevulde aardappelschijfjes 20 min. op 120 °C. Dan zonder gewicht nog een paar minuten, tot ze knapperig en doorzichtig zijn.

GEBAKKEN VOORJAARSPRONKRIDDERZWAM

Zoek en pluk de heerlijk geurende zwammen. Poets ze met een keukenpapiertje schoon en snij in plakken. Soms is de zwam wormstekig; als het echt gatenkaas is weggooien, maar over een enkel gaatje moet je je niet druk maken. Als wildoogster moet je accepteren dat anderen ook een hapje mee-eten.
Gewoon bakken in boter met wat zout erop. Als ze lekker beginnen te kleuren, op een stuk brood scheppen en opeten. Mmm... een geweldige beloning voor uren speuren naar zwammen. Een smaak die niet te koop is, alleen beschikbaar voor wildplukkers.

Bereidingssuggestie

De zwammen zijn ook heel geschikt om in een risotto te verwerken. Bijvoorbeeld met sjalotjes en room.

GRAUWE GANS

De gans of het ei? Beide smaken goed, en van ganzen zijn er lekker veel! De populatie wilde ganzen in Nederland is geëxplodeerd. In de jaren vijftig waren er in de zomer een paar honderd ganzen in Nederland, nu zijn er alleen al van de grauwe gans een half miljoen. In de winter, met alle overwinterende ganzen erbij, zijn het er nog veel meer.
We hebben verschillende ganzensoorten in Nederland, de grauwe gans is de meest algemene. De grauwe gans is een inheemse vogel. We hebben ook exotische ganzen; de grootste populaties vormen de nijlgans en de Canadase gans – ooit in de natuur gedumpt door hun eigenaar, of ontsnapt uit volières. Die hebben hier geen natuurlijke vijanden en hun populaties groeien er vrolijk op los.
Doordat er steeds meer natte natuur in Nederland wordt aangelegd, hebben ganzen meer plekken om te broeden. Daarbij is er steeds meer eiwitrijk gras, en zijn er strenge regels voor het bejagen van ganzen. Inmiddels zijn er zoveel ganzen dat ze overlast geven. Ze belasten het ecosysteem, schaden gewassen van boeren en verstoren de luchtvaart.
Ze worden gedood omdat ze overlast geven, en niet om te oogsten uit de natuur. Dat is een gemiste kans. Hun eieren worden bij duizenden vernietigd en de vogels zelf worden gevangen in de ruitijd, om ze vervolgens te vergassen. De gans heeft dan weinig vlees op de botten. De dieren zijn na de winter, en door de rui, door hun reserves heen. Zonde van de gezonde eiwitten die deze dieren voortbrengen. Omdat ganzen gras eten, is de smaak van hun vlees als runderbiefstuk met een vleugje eend.

Prachtig natuurvlees uit ons deltalandschap.
Het ganzenei is voor een ieder met natte natuur in de buurt een lokaal en zeer duurzaam ei. Maar vogels en hun eieren zijn beschermd in Nederland, alleen met speciale ontheffingen mag je die oogsten. Informeer bij de grondeigenaar van de natte natuur waar de ganzen broeden (meestal een natuurorganisatie) hoe je toestemming kan krijgen voor het oogsten van ganzeneieren.

EIERSALADE VAN WILDE GANZENEIEREN

Snipper een rood uitje, meet daar 60 g van af, doe dit in een kommetje met 4 g zout en 60 ml citroensap, goed mengen en wegzetten.
Zet 3 ganzeneieren op met koud water, laat ze 3 min. zachtjes koken en draai het vuur uit. Laat de eieren nog 12 min. in het warme water staan. Giet ze af en laat ze helemaal afkoelen. (Of gebruik 8 kippeneieren en kook die korter; 6-8 min.)
Pel de koude eieren, snij ze in stukken en meng ze met de uitjes, zonder het citroensap.
Meng 25 g mayonaise en 25-30 g volle kwark (afhankelijk van de stevigheid van de kwark) door de eieren, voeg naar smaak een beetje citroensap toe.
Heerlijk bij de lunch, en als je het aanvult met een knapperige groene sla en gekookte broccoli heb je er een volledige maaltijd aan: een vegetarische jachtschotel!

Bereidingssuggesties

Het lekkerste ganzenvlees zijn de borstfilets, te bakken als biefstuk. De bouten zijn heel geschikt om te konfijten en het karkas maakt een mooie bouillon.

Ganzeneieren zijn prima te gebruiken voor het bakken van quiches, cakes en taarten. Reken 1 ganzenei als 2,75 kippeneieren. Ook zijn ze heerlijk als roerei of gevulde omelet.

BAARS EN SNOEKBAARS

De baars en de snoekbaars zijn geliefd bij sportvissers. De snoekbaars is in Nederland een relatief nieuwe soort, want hij kwam oorspronkelijk alleen voor in het stroomgebied van de Donau. Hij is speciaal voor vissers uitgezet in Duitsland en in ons land voor het eerst gevangen in 1888. De snoekbaars is niet zoals sommigen denken een kruising tussen een snoek en een baars.

Zowel baars als snoekbaars zijn roofvissen, met een heel eigen techniek. De baars jaagt in groepen, die prooidieren omsingelen en aanvallen. De snoekbaars jaagt solitair en gaat in de aanval vanuit een hinderlaag.

De snoekbaars is slank en heeft een spitse kop met violet oplichtende ogen. Zijn ogen hebben een speciale laag op het netvlies, waardoor hij in donkere omstandigheden toch goed kan zien. Bijzonder is dat de snoekbaars zijn nakomelingen verzorgt.

Het mannetje maakt op de bodem een kuil, waarin meerdere vrouwtjes hun eitjes afzetten. Het mannetje bewaakt het nest twee tot zes weken zeer fanatiek en voorziet de eitjes van zuurstofrijk water door met zijn vinnen te wapperen. Andere mannetjes worden verjaagd en zelfs duikers worden dan belaagd. De snoekbaars kan 1,30 meter lang worden.

De baars herken je aan zijn verticale zwarte strepen en helderrode buikvinnen. De eerste rugvin heeft stekels die gemeen kunnen prikken. De baars kan 55 centimeter lang worden.

De baars zal je iets eerder aan je hengel krijgen dan de snoekbaars, want hij komt veel voor en is weinig kieskeurig wat betreft zijn leefgebied. Je kan ze vangen met een worm aan de haak als aas, maar grote baarzen reageren ook op kunstaas dat fel door het water trilt of blinkt.

Op deze manier vang je ook de snoekbaars.

Beide soorten zijn opgenomen in de Visserijwet: de snoekbaars met een minimummaat van 42 centimeter, de baars met 22 centimeter. En ze mogen niet worden gevangen tussen 1 april en de laatste zaterdag van mei. In de stad zijn ze algemeen voor diep water.

Culinair gezien zijn beide soorten top.

De baars doet wat betreft smaak niet onder voor de snoekbaars, die veel vaker wordt gegeten. Ze hebben allebei relatief weinig graten, waardoor de vissen vrij makkelijk zijn te fileren.

GEBAKKEN (SNOEK)BAARS
Maak de (snoek)baars schoon, verwijder de ingewanden en de kieuwen (die zijn bitter), fileer de vis en snij de filets eventueel in moten. Bestrooi met zout en peper en wentel de filets in bloem. Kluts 2 eieren los en haal de filets door het eimengsel en dan door paneermeel. Bak de filets in hete roomboter aan twee kanten gaar. Heerlijk met een kruimige aardappel of aardappelpuree en gekookte of gewokte spinazie.

(SNOEK)BAARS MET GROENTE
Maak de (snoek)baars schoon, verwijder de ingewanden, fileer de vis en snij de filets desgewenst in moten. Bestrooi naar smaak met zout en peper. Snij vervolgens 3 wortels, 1 pastinaak, 1 stengel bleekselderij en 200 g koolrabi fijn. Verhit dit groentemengsel zachtjes in 50 g roomboter. Leg de filets erin en doe er 1 dl water en 1 dl witte wijn bij. Pocheer de filets zachtjes gaar.

WITVIS

De meeste stadse wateren zijn het domein van brasem, kolblei en blankvoorn. Ook de ruis- of rietvoorn komt er voor, maar in mindere mate. Brasem, kolblei en blankvoorn zijn algemene soorten. In de Visserijwet is er dan ook geen beperking opgenomen wat betreft de maat of vangstperiode. De rietvoorn is wat zeldzamer en voor deze vis geldt om die reden een minimummaat van 15 centimeter (een volwassen dier kan zo'n 35 centimeter worden).
Grote exemplaren brasem (tot 80 centimeter) en kolblei (tot circa 35 centimeter) kan je goed van elkaar onderscheiden door de kleur van de vinnen. Grote kolblei heeft rood in de vinnen en brasem niet. Blankvoorn (tot 45 centimeter) en rietvoorn (tot 50 centimeter) zijn van elkaar te onderscheiden door de vorm en stand van de bek. Bij de rietvoorn is de onderkaak langer dan de bovenkaak (de 'opening' van de bek wijst omhoog zogezegd, omdat zijn prooi bij het wateroppervlak leeft). Bij de blankvoorn zijn onder- en bovenkaak even lang. Ze hebben nog meer uiterlijke verschillen: de blankvoorn heeft een rode vlek in het oog en het begin van de rugvin staat precies boven het begin van buikvin. Bij de rietvoorn ligt het begin van de rugvin achter het begin van de buikvin.
Brasem, kolblei en blankvoorn komen in allerlei typen water voor en de beste kans om ze te vangen is met aas of brood aan de haak. De rietvoorn leeft bij voorkeur in helder en plantenrijk water en deze vis vang je het makkelijkst met een vlieghengel.
Witvis is een echte gratenbak en daarom niet geliefd om te eten. In Rusland denken ze daar heel anders over. Gedroogde zoute blankvoorn of blei is daar een geliefde snack. Je peutert het vel eraf, haalt de stukjes visvlees eraf en drinkt er een goed glas bier of wodka bij.

INGELEGDE WITVIS

Maak brasem, kolblei of vijf blankvoorns zorgvuldig schoon, verwijder ingewanden en schubben. Was en droog de vis, snij in moten, bestrooi met zout en peper en bak de moten in olie. Doe in een pan 3 dl water, 3 dl azijn, wat suiker, een handje mosterdzaad, enkele kruidnagels en jeneverbessen en 3 laurierblaadjes. Voeg zoveel in fijne ringen gesneden uien toe dat ze net onderstaan. Breng het geheel gedurende 5 min. aan de kook en laat afkoelen. Leg de moten in een glazen (!) schaal en voeg het afgekoelde mengsel en kruidenmengsel toe zodat de moten bedekt zijn. Dek de schaal af en laat ten minste 3 dagen in de koelkast staan. De kleine graatjes lossen nu helemaal op en je hebt een heerlijke witvis met de smaak van een panharing.

Bereidingssuggestie

Brasem, kolblei en blankvoorn zijn ideale vissen om viskoekjes van te maken.
Voeg aan gare, graatvrije vis knoflook toe en pureer. Voordat je koekjes kneedt voeg je ei, peterselie, basilicum, lente-ui en citroenschil aan het mengsel toe. Paneer en bak ze goudbruin.

ZOMER

KAASJESKRUID

De kaasjeskruidfamilie bevat mooie en smakelijke planten. De bekendste soorten die we in de stad op iedere hoek kunnen tegenkomen zijn stokroos, groot kaasjeskruid, klein kaasjeskruid, muskuskaasjeskruid en linde. De familie dankt haar naam aan de vorm van de zaden van het kaasjeskruid en de stokroos. Het vruchtje ziet eruit als een Goudse kaas, maar in de smaak zijn er geen overeenkomsten met kaas. Van al deze soorten kan je het blad en de bloemen eten.
Klein kaasjeskruid is een lage plant, tot 40 centimeter, met witte bloemen en soms een zweem roze. Muskuskaasjeskruid is een bossige plant, tot 70 centimeter hoog, met mooie zachtroze bloemen en bladeren die wel wat weg hebben van de bladeren van een geranium. Groot kaasjeskruid is niet inheems; de plant komt uit zaadmengsels bestemd voor bermen of is ontsnapt uit tuinen. Dit is het grootste van de drie kaasjeskruiden en kan wel anderhalve meter hoog worden. Maar de stokroos, hun gecultiveerde nichtje, is de allergrootste: die haalt de twee meter!
Het groot kaasjeskruid heeft de smakelijkste bladeren. Deze zijn te herkennen aan een paars vlekje op de plek waar het blad aan de bladsteel zit. De bladeren kunnen in salades of een soep worden verwerkt. Je hoeft ze maar heel kort te koken, want het is een zacht blad.
Ga bij de stokroos en de lindeboom wel op zoek naar jonge zachte bladeren.
Er zijn meerdere bomen waarvan je het blad kan eten. Dat van de linde is bijzonder smakelijk. Ga op zoek naar bomen met zogenaamd 'opschot'. Dat zijn wat wilde gemeenten doen er in het voorjaar veel moeite voor deze takken te verwijderen. Dat lukt, maar ze schieten gewoon weer terug en leveren de hele zomer door lichtgroen, mals en smakelijk blad.

ZOMERS STAMPPOTJE MET GROOT KAASJESKRUID

Pluk een middelgrote vergiet vol mooie bladeren van het groot kaasjeskruid. Ondertussen 1 kg kruimige aardappelen opzetten voor een aardappelpuree. Was de bladeren en hak ze fijn. Als de aardappelen gaar zijn van het vuur halen, fijnstampen met volle melk en roomboter. Voeg naar smaak zout en versgeraspte nootmuskaat toe. Stamp de fijngehakte kaasjeskruidbladeren erdoor. Bestrooi met wat bloemen van het kaasjeskruid. De deksel niet meer op de pan doen; de bloemen verwelken bij verhitting.
Serveer met een gepocheerd ei of een mooi stuk gebraden vlees.

Bereidingssuggesties

De bloemen uit deze familie zijn natuurlijk zeer geschikt als eetbare decoratie bij diverse gerechten.

Het blad van het groot kaasjeskruid kan je gebruiken in alle recepten met spinazie.

De bloemblaadjes van de stokroos zijn zeer geschikt als sla: kleurig, knapperig en mals van smaak. Topsla!

De bloesem en het wat oudere blad van de lindeboom maken een geweldige kruidenthee.

WATERMUNT

Waarschijnlijk heb je deze plant al wel eens ontmoet, daar bij de waterkant. In de stad groeit deze soort namelijk vrij veel op ruige, drassige oevers waar niet zo vaak wordt gemaaid. Watermunt bloeit van juni tot en met de herfst en is dan vooral te herkennen aan de lila-paarse bloemetjes. Het blad van watermunt is een beetje harig en heeft een gekartelde rand. Het is een van de weinige planten die je als een waar oermens met behulp van je neus kunt detecteren. Vooral in de zomer komt de heerlijke frisse muntgeur bij vlagen je reukzintuig tegemoet.

In een beetje hip café is verse muntthee tegenwoordig niet meer van de menukaart weg te denken. Watermunt is alleen niet de muntsoort die je in je thee krijgt geserveerd. Dat is groene munt. Pepermunt is ook een muntsoort waarvan thee wordt gezet. Beide soorten zijn – in tegenstelling tot watermunt – niet of nauwelijks in de Nederlandse (stads)natuur te vinden. Maar ook van watermunt kan je prima thee zetten. De oude Grieken en Romeinen zetten al thee van munt vanwege de heilzame werking. Als je last hebt van gevoelige darmen, dan werkt een kop muntthee kalmerend, darmgasverdrijvend en krampopheffend. Dat komt doordat deze plant rijk is aan vluchtige oliën en looistoffen.

Nog een leuk weetje over munt: al in de zesde eeuw werd het gebruikt bij de reiniging van het gebit.

Als je watermunt gaat oogsten, pluk dan altijd de jonge blaadjes die zich boven aan de stengel bevinden. Deze blaadjes kan je de hele zomer plukken. Laat de bloemen intact; wilde bijen zijn voor hun voedsel namelijk onder andere afhankelijk van de nectar van deze bloemen. En trek niet te hard aan de plant wanneer je de blaadjes plukt, want dan neem je misschien per ongeluk de wortels mee. In dat geval komt die plant niet meer terug en dan hebben jij en je plukgenoten weer een plantje minder om in het volgende jaar van te oogsten.

WATERMUNTCHIPS

Ontdooi een pakje filodeeg. Werk voorzichtig; de vellen scheuren makkelijk. Verwarm de oven voor op 175 °C en vet een bakblik in. Spreid een goed ontdooid vel uit op de bakplaat. Bestrijk het licht met olijfolie. Beleg het met mooie blaadjes van de watermunt en wat zout (bijvoorbeeld 'Hawaiian Black', om zijn mooie zwarte grove korrel). Afdekken met een vel filodeeg, aandrukken en ook dit vel dun bestrijken met olie (dat is nodig om de boel knapperig te bakken, maar zorg dat het niet te vet wordt). Nu onder lichte druk 10 min. de oven in – leg bijvoorbeeld een iets kleiner bakblik op het deeg. Zonder gewicht laten afkoelen en het knapperige vel in stukken knippen. Mooi en lekker bij de luxe muntthee.

LUXE WATERMUNTTHEE

Per glas van 0,33 cl een tak wilde munt, drie rimpel- of andere wilde rozen, en drie bladeren van de braam of de zwarte bes. Overgieten met kokend water. Zeven of zo drinken.

Bereidingssuggesties

Wilde munt is heel lekker in een zomerse salade met blokjes watermeloen en verkruimelde feta. Een tomatensla wordt extra bijzonder met heel dunne reepjes rode ui, een handje blaadjes van de wilde watermunt en een dressing met sinaasappelsap.

Let op: was de blaadjes van de wilde munt extra goed bij rauwe bereiding. Ziekteverwekkers gedijen extra goed in vochtige omgevingen.

KLAPROOS

Klaproos of papaver, een grote familie met wilde en gecultiveerde planten, en ja, allemaal familie van de leverancier van heroïne: de slaapbol. Die papavers staan wel in Nederlandse tuinen, maar produceren hier nauwelijks werkzame stof; daar is meer zon voor nodig. De werkzame stof ontstaat in het melksap van de zaadbollen. De bloemen en zaden van de slaapbol zijn gewoon eetbaar. De inheemse klaproos groeit graag op omgewoelde grond. Daarom zie je hem vaak bij nieuwbouwprojecten en langs nieuw wegen. Je kan alles van de plant eten: de jonge blaadjes, de bloemen en de zaden. Deze inheemse akkerbloem is inmiddels over de hele aarde te vinden… ook wij leveren invasieve exoten.
Klaprozen hebben geen nectar, maar wel extra lekker stuifmeel, en dat proef je! Peuter maar eens een bloemknop van de klaproos open als die op het punt van springen staat. Je vouwt dan de mooie bloemblaadjes uit, die lijken wel van parachutestof. In het hart vind je het 'nootje', of vruchtbeginsel, dat na de bevruchting uitgroeit tot de zaaddoos waar het maanzaad in zit. Het vruchtbeginsel is omgeven door tientallen stuifmeeldraden die zwaar bepoederd zijn met stuifmeel. Een hapje van dit maagdelijke stuifmeel is een ware delicatesse. Ook het vruchtbeginsel smaakt heerlijk: fris, sappig en nootachtig.
De bleke, de grote en de ruige klaproos zijn de meest voorkomende in Nederland. De meeste klaprozen hebben een bol vruchtbeginsel en zijn scharlakenrood; dat zijn exemplaren van de grote klaproos. Het vruchtbeginsel hiervan is van al deze soorten het grootst en het lekkerst.

De bleke klaproos komt iets minder vaak voor, maar is ook nog een heel algemene plant. De bloemen zijn bleker en het vruchtbeginsel is langwerpig. De ruige klaproos kom je weinig tegen. Deze plant heeft donkerrode bloemen en een langwerpige zaaddoos met haartjes.

KLAPROZEN GEVULD MET WILD GEKRUIDE RICOTTA
(voorgerecht)
Pluk een handvol klaprozen. Pluk alleen bloemen die net open zijn. Bloemen die al langer bloeien, vallen snel uit elkaar en hebben een hard hartje. Ga op zoek naar wilde pastinaak (zie pagina 78) en neem uit het mooiste zaadscherm vijf onrijpe zaden en oogst 2 el gele bloemen van de zwarte mosterd.
Meng 125 g ricotta met vijf fijngewreven pastinaakzaden, 2 el grofgehakte bloemen van de zwarte mosterd en een snuf zout. Leg de klaprozen op een mooi bord, verwijder de steeltjes en drapeer om de vruchtbeginselen een flinke klodder van de kruidenricotta.

PAPAVERSALADE
Pluk 5 grote sappige bladeren van de paardenbloem, 5 rode papaverknoppen die op springen staan, 8 blaadjes met bloem van de voederwikke, een handje wilde rucola, 6 bloemtrosjes van de mosterd, 4 margrieten en 1 scherm vlierbloesem. Snij het paardenbloemblad in repen en leg in koud water. Pel de dikke knoppen van de papaver, doe het bloemblad in een schaal, kruimel de meeldraden erover, snij de zaadknop eruit en doormidden, en voeg toe. Kruimel de mosterdbloemen erboven en doe de losse blaadjes en bloempjes van de voederwikke erbij. Snij de rucola en voeg toe, samen met de bloemblaadjes van de margrieten. Maak een dressing van citroen, olijfolie en zout. Slinger de reepjes paardenbloem droog, voeg toe en meng alles. Als laatste de bloempjes van het vlierscherm afknippen boven de salade.

STRAATAPPELS

Iedereen doet het wel eens: een klokhuis weggooien als je wandelt of op de fiets zit. En heel soms groeit er uit zo'n klokhuis een appelboom. Het gaat hier dan om een verwilderde gecultiveerde soort. De echt inheemse wilde appel is een zeer zeldzame soort en groeit niet in de stad (je vindt hem sporadisch op de Veluwe, in de Achterhoek en Drenthe, en op de stuwwal van Nijmegen).

De verwilderde appelsoorten die in de stad voorkomen, vind je in weg- en spoorbermen, op verlaten industrie- en bouwterreinen en allerlei andere overhoekjes waar het gemeentelijk beheer ontbreekt.

Daarnaast plant de gemeente verschillende soorten sierappels aan. Het zijn rassen die niet zijn geselecteerd op een grote en smaakvolle appel, maar op de kleur en de vorm van hun blad, bloem en vrucht. Sierappeltjes hebben een gele of knalrode kleur en zijn vaak erg klein.

In het voorjaar vallen de appelbomen op door hun prachtige, witte bloesem waar een roze waas overheen ligt. Het zijn bloemen waar bijen dol op zijn.

Zowel de verwilderde appel als de sierappel zijn eetbaar en over het algemeen rijp en te oogsten vanaf september. Sommige appels zijn rauw goed te eten, andere daarentegen zijn zuur. Proef daarom eerst om de smaak te beoordelen en te bedenken hoe je de appels in de keuken wilt gebruiken.

Zure (en kleine) appels zijn bijvoorbeeld heerlijk in jam, appeltaarten, stoofschotels of in wildgerechten. Je kunt appels ook drogen of er verrukkelijk sap uit persen. Dat laatste kan natuurlijk eenvoudig met een sapcentrifuge (schil en klokhuis niet verwijderen), maar als je die niet hebt kan je de appels – zonder klokhuis – circa 45 minuten koken en daarna de brij zeven op een vergiet met kaasdoek. Wat ons betreft worden er meer klokhuizen weggegooid!

BONBONS VAN SIERAPPELTJES

Pluk 500 g sierappeltjes waarin vrijwel geen klokhuis zit. Laat de steeltjes eraan zitten. Was en droog ze en doe ze met een halve liter rum en 125 g suiker in een afsluitbare pot. Keer de pot de eerste twee weken regelmatig om de suiker goed te laten oplossen. Zet de pot zeker 6 maanden op een koele plek weg. Haal na 6 maanden de appeltjes uit de pot en laat ze goed drogen. Smelt 200 g pure chocolade au bain marie en doop de appeltjes in de chocolade; laat de stelen boven de chocolade uitsteken. Trek de appels er aan de stelen uit en leg ze – om vastplakken te voorkomen – te drogen op bakpapier.

APPELCHUTNEY

Verzamel 0,5 kg verwilderde appels, was en schil ze, verwijder de klokhuizen en stelen en snij in stukken. Snipper 0,5 kg ui en snij 300 g tomaten in fijne stukken. Pureer het geheel en voeg dan toe: 300 g rozijnen, zout, 2 el mosterd, 500 g suiker en 0,25 l azijn. Laat het geheel 20 min. koken. Voeg nog eens 0,25 l azijn toe en laat het kort koken. Doe de chutney in goed schoongemaakte jampotten; vul deze tot de rand. Draai de deksels op de potten en zet ze 5 min. omgekeerd op tafel. Draai de potten weer om en laat de chutney afkoelen. Lekker bij Indiase gerechten.

EETBARE BLOEMEN

Als eind juni de zomer officieel start zijn er weinig bloeiende bloemen. De lentebloemen zijn uitgebloeid en de zomerbloemen wachten nog op een graadje meer. Veel zomerbloemen ontwikkelen pas vanaf 15 mei, na IJsheiligen, een bloemstengel waarop hun bloemknoppen verschijnen. IJsheiligen is een oeroud heidens feest dat markeert dat Vadertje Vorst ons land verlaat. Ondanks veranderingen in het klimaat, is deze datum al eeuwen hetzelfde. Half juli barsten de zomerbloemen uit hun knoppen. Bijzonder smakelijke zomerbloemen zijn: cichorei, daglelie, engelwortel, ereprijs, kamille, klaproos, klaver, knopkruid, korenbloem, lisdodde, madelief, margriet, moerasspirea, wilde peen, pimpernel, alle rozen, springbalsemien, teunisbloem, vogelwikke, wilgenroosje en zwarte mosterd. Maar er zijn ook bloemen die je echt niet wilt eten! De monnikskap is bijvoorbeeld dodelijk giftig. Blijven opletten, dus.

Pluk van bloemen die met meerdere exemplaren aan een bloemsteel bloeien alleen de bloeiende bloem, en niet de hele steel. Zo kan de bloemsteel gewoon z'n ding blijven doen: bloemknoppen en zaden produceren. Net als bij mensen is het voortplantingssysteem van planten hormonaal gestuurd. Rijpe zaden geven het signaal 'klaar' af, en dan stopt de productie van de bloemknoppen. Vandaar dat dames die graag veel bloemen in hun geraniums willen hebben, de hele zomer uitgebloeide bloemen verwijderen uit hun planten. De bloemen van de geranium zijn overigens eetbaar!

Een relatief nieuwe eetbare bloem in onze natuur is de springbalsemien, of reuzenbalsemien: een zomerbloem die bloeit tot de eerste nachtvorst. Deze plant is in de jaren zeventig van de vorige eeuw via tuinen en tuinafval in onze natuur gekomen. Hij kan manshoog worden en verspreidt veel zaad, dat door een lichte aanraking van mens of diertje uit de zaaddoos springt. Het zaad van de springbalsemien is omhuld door een olielaagje, hierdoor kunnen beken en rivieren het zaad goed verspreiden. Zo raken hele natuurgebieden overwoekerd door deze voortplantingslustige plant. Zaad en bloem smaken heel goed, dus *eat it and try to beat it!*

VERSE KRUIDENTHEE MET DENNENTAK EN BLOEMEN

Een recept voor een glas puur natuur: een kruidenthee geïnspireerd op de favoriete hapjes van de grootste liefhebber van wilde bloemen in onze natuur... het ree.
Per glas van 0,33 cl drie dennentoppen (van die kerstbomen die we dennenboom noemen, maar eigenlijk fijnspar heten), drie rimpel- of andere aromatische rozen, en een bramenblad. Overgieten met kokend water. Proef, en je weet: over 2 jaar zitten de terrassen vol met mensen die dennentopjes en wilde rozen in hun glas hebben.

WILDE BLOEMENBOTER

Pluk 1 flinke hand bloemen, hak ze fijn en meng dit met 125 g boter op kamertemperatuur en een flinke snuf fijn zeezout. Versier met wat bloemen.

MOUSSE VAN WITTE WORTEL MET BLOEM VAN WILDE PEEN

Maak 3 witte wortelen schoon en snij ze in stukken. Kook ze in water tot ze helemaal gaar zijn. Giet af en pureer in de keukenmachine. Voeg een scheutje amandelmelk toe om het smeuïger te maken. Breng op smaak met zout, klein snufje gemberpoeder en witte peper. Stoom ondertussen 4 bloemschermen van wilde peen een paar minuten zodat ze net niet meer helemaal rauw zijn. Om te serveren doe je een flinke toef wortelmousse op het bord en garneer met de zwarte meeldraden van de klaproos en een bloemscherm van de wilde peen.

HONING

Honing is het product van honingbijen. Tijdens foerageervluchten zuigen de bijen uit bloemen vloeibare nectar op, die ze in de bijenkast of -korf omzetten in honing door er enzymen aan toe te voegen. Het proces wordt verder beïnvloed doordat verdamping optreedt. Voordat honingbijen aan de slag gaan met de productie van honing uit nectar, maken ze eerst van was een honingraat. In de cellen in die honingraat bewaren ze het stuifmeel en de nectar die ze tijdens hun vluchten verzamelen. Wanneer de cellen vol zijn, sluiten de bijen ze netjes af met een dekseltje. Zo maken ze hun eigen voorraadkast. Voor elke kilo honing is 4 kilo nectar nodig. Een volk van 30.000 bijen produceert ongeveer 30 kilo honing per jaar. Honingbijen hebben het wereldwijd moeilijk door het gebruik van pesticiden. In de steden worden vrijwel geen bestrijdingsmiddelen meer gebruikt en ook daar staan bloemen en bomen vol stuifmeel en nectar. Een waar paradijs voor de honingbij. Tegenwoordig bestaan er dan ook zogenaamde stadsimkers, die bijenvolken houden op daken, in tuinen en parken. Om aan honing te komen kan je natuurlijk zelf imker worden, maar gemakkelijker is om goede maatjes te worden met een stadsimker en af en toe een paar potjes te kopen.

De kleur en de smaak van honing worden grotendeels bepaald door de oorsprong van de nectar en het seizoen. Honingbijen verzamelen de nectar van verschillende bloemen en mengen die; die honing noemen we bloemenhoning. Is een grote hoeveelheid nectar afkomstig van één soort plant, dan heb je specifieke honingsoorten, zoals lindehoning, klaverhoning of heidehoning. De stadsimker heeft vrijwel altijd honing van een gemixte herkomst; bloemenhoning dus.

Honing wordt gebruikt als zoetstof, heeft een hoge voedingswaarde en wordt benut om zijn geneeskrachtige werking. Zo is een lepel honing met wat kaneel in een glas lauwe melk een probaat middel tegen verkoudheid. Honing wordt zelfs gebruikt bij wondgenezing.

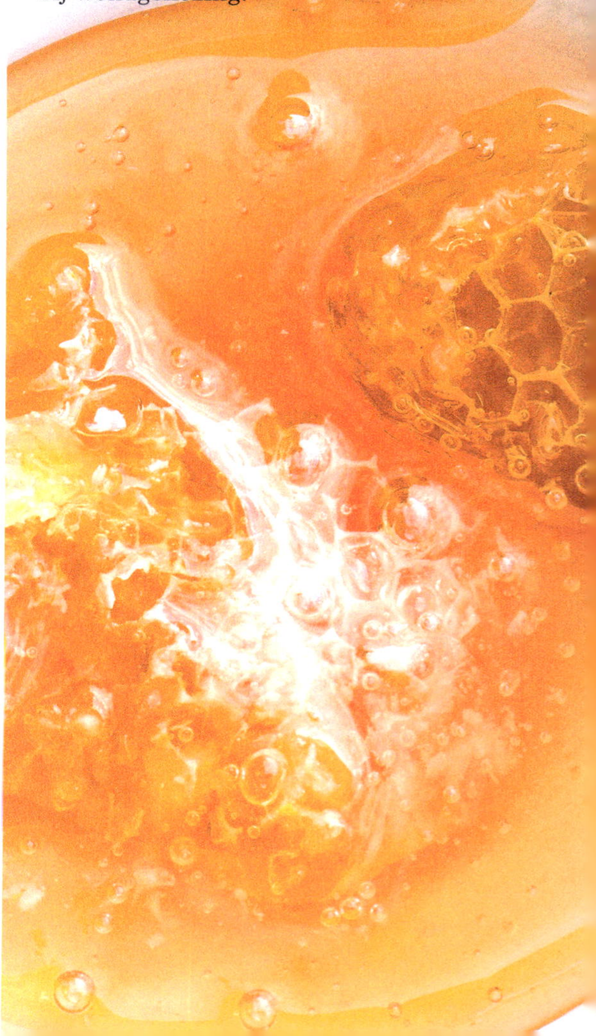

HONINGBERENKOEK

Meng 50 g boter, 4 el honing en 100 g bruine basterdsuiker en klop er circa 5 min. een losgeklopt ei door. Voeg 150 g gezeefd zelfrijzend bakmeel en 2 el gezeefde koekkruiden toe, meng het geheel en voeg nog 1 dl karnemelk toe. Meng goed. Stort het mengsel in een ingevette taartvorm en bak gedurende 40 min. op 165 °C (oven niet voorverwarmen).

HONINGEEND

Voor de marinade: meng 1 el verse bieslook, 1 el bruine basterdsuiker, 1 el ketjap, 1 el kaneel, 1 gesnipperd teentje knoflook, 1 glas sherry en wat zout en versgemalen zwarte peper.
Leg 2 eendenborsten in een ovenschaal en strijk de marinade erover; laat dit minstens 2 uur marineren.
Neem de eend uit de marinade, besmeer met veel stadshoning en bak de eend in 200 g boter in 20 min. knappend bruin in een voorverwarmde oven (220 °C); bedruip de eend regelmatig met wat verse boter en met de braadjus; roer wat water door de braadjus als deze te zwart wordt. Zet de eend tot slot 4 min. onder de grill. Snij de eend in dunne plakken.

Bereidingssuggestie

Honing is ideaal om te gebruiken als zoetstof in dressings, gebak, flensjes, shakes en yoghurt.

WILDE PASTINAAK

De pastinaak is hier ooit met de Romeinse soldaten gekomen en vervolgens gebleven. De voedselrijke wortel sloeg aan. Vóór de komst van suiker werd de zoete smaak van deze wortel zeer gewaardeerd. Hij werd daarom na een vorstperiode geoogst; dan is het zetmeel in de wortel omgezet in suikers. De wilde pastinaak is een verwilderde pastinaak. Soms zit hij in een zaadmengsel voor kleurrijke bermen, maar meestal is hij uit de voedselproductie ontsnapt. Dat kan een paar jaar geleden gebeurd zijn, of misschien al uit het moestuintje van een Romeinse soldaat; de plant kan zich in het wild prima redden. De pastinaak is het aromatische nichtje van fluitenkruid. Tot zover niets aan de hand. Maar fluitenkruid lijkt weer verdomd veel op de dodelijk giftige gevlekte scheerling, en dat is andere koek. Planten uit de familie van de schermbloemigen moeten met wat voorzichtigheid worden benaderd, omdat deze ook giftige familieleden hebben. Van dodelijk giftig tot hallucinogeen. Overigens eet je regelmatig iets uit deze familie. Worteltjes, peterselie, selderij, maar ook zevenblad behoren tot de schermbloemenfamilie. Toch is de wilde pastinaak niet echt te verwarren met een giftige plant, want zijn uiterlijk is vrij uniek. Als enige in deze familie heeft hij piepkleine gele bloemetjes. De stelen zijn geelgroen. Zo zie je ze ook in het zomerse landschap staan: een geelgroene wolk. Van deze wolk zijn de onrijpe zaden het lekkerst. Ze smaken heel sterk, naar een combinatie van selderij en sinaasappelzest; een intrigerende smaak. Een perfecte smaakmaker voor dressings, in taartdeeg of om een fles gin een geheel eigen toon mee te geven. De wortels van de wilde pastinaak kan je ook oogsten, maar niet die van bloeiende exemplaren. Dat zijn planten in hun tweede levensjaar, en die hebben alle voedingsstoffen die opgeslagen waren in de wortel gebruikt om een bloemstengel te maken. Door dit proces is de wortel taai en smakeloos geworden.

KLETSKOPPEN MET PASTINAAKZAAD
Maak een bloemmengsel van 30 g kamutmeel en 30 g speltmeel met een snuf zout en een ½ tl kaneel. Maak 60 g amandelen fijn. Beleg een bakplaat met bakpapier en verwarm de oven voor op 180 °C. Smelt 60 g roomboter en voeg 150 g lichtbruine basterdsuiker toe, totdat het helemaal is opgenomen. Voeg 3 el water toe. Voeg het bloemmengsel, de gemalen amandelen en een ½ el vers pastinaakzaad toe. Goed mengen. Maak kleine hoopjes die ver uit elkaar liggen en bak 6-8 min. Laat afkoelen tot ze uitgehard zijn.

HARTIG BROODBELEG MET PASTINAAKZAAD
Vijzel 1 el verse pastinaakzaden met een mespuntje zout en een teentje knoflook. Meng dit papje door 200 g hüttenkäse. Doorroeren en even laten staan, zodat de smaken goed worden opgenomen.

Bereidingssuggestie

Pastinaakzaad is een heerlijk wild kruid om (met mate) toe te voegen aan bloemenboters. De citrussmaak van de zaden is wel snel overheersend; met mate gebruiken dus!

De zaden lenen zich heel goed om suiker mee te aromatiseren.

De zaden en de wortels doen het goed in hartige gerechten, zoals stoofpotjes en bouillons. Let wel: de wortels van de wilde pastinaak zijn veel kleiner en veel meer vertakt dan de gekweekte varianten.
Dit maakt verwerken lastig.

TOORTSEN EN TEUNISBLOEM

Toortsen en teunisbloemen komen algemeen voor in Nederland; de planten hebben een voorkeur voor zanderige bodems. Toortsen werden vroeger na de bloei wel in de pek gedoopt en gebruikt als fakkel, vandaar de naam.
De koningstoorts en de stalkaars zijn moeilijk uit elkaar te houden, maar voor de consumptie maakt dat niet uit. Beide hebben stevige rozetten van dikke, viltige bladeren met een flinke bloemstengel.
De planten kunnen manshoog worden, afhankelijk van de standplaats. Hun vaak wat vertakte bloemsteel heeft een woeste verzameling eetbare gele bloemetjes. De zwarte toorts is wel goed te onderscheiden; de plant is iets kleiner én heeft een mooi hardroze hartje in het gele bloemetje.
Het blad van de zwarte toorts is alleen aan de onderzijde viltig.
De teunisbloem lijkt wel wat op een toorts, maar is het niet. De plant heeft ook een bladrozet met een bloemstengel en gele bloemen. Maar de bladeren zijn niet viltig en de gele bloemen een stuk groter.
De teunis is een van de vele plantaardige exoten die we in Nederland hebben. Vanaf de zeventiende eeuw zijn steeds weer nieuwe varianten van deze uitgebreide familie uit de Amerika's onze kant op gekomen.
Ze kruisen ook nog allemaal met elkaar, vandaar dat teunisbloemen verschillen in grootte.
Alles aan de plant is eetbaar, maar de bloemen zijn het lekkerst. De wortels van deze plant heten in Frankrijk *jambon végétal* (plantaardige ham), omdat ze een lichtroze verkleuring hebben. Heel geschikt als voedzame hap als je gaat wildkamperen, maar bepaald geen culinaire knol.

Teunisbloemen bloeien vooral 's nachts. De bloemen gaan open aan het eind van de middag en sluiten zich de volgende ochtend weer. Een bloem met een nachtleven. Je plukt hem het best aan het eind van de middag. De bloembodem heeft een pittige smaak, de bloembladeren zijn heel mild.

VERSE KAAS MET WILDE BLOEMEN OF WILDE KNOFLOOKSAUS

1 Pond *fromage frais* (volle Franse kwark) mengen met een flinke snuf zout, een paar slagen peper, de zest van 1 biologische citroen en een bescheiden teen knoflook uit de knoflookpers. Dit is een prima basissaus voor een nazomerse barbecue. Vul de saus met veel grofgehakte teunisbloemen en andere bloemen die in de nazomer nog bloeien, zoals rozen, tuinkers, rucola of kaasjeskruid. Zo krijg je een knoflooksaus met kleurtjes. Je kan ook kiezen voor minder kwark en meer bloemen; dan krijg je een gemonteerde bloemensalade.

Bereidingssuggesties

De bloemen van de teunisbloem laten zich heel goed vullen met gekruide verse kaas of toefjes paté. Pluk hiervoor grote bloemen.

De knollen van eenjarige teunisbloemen laten zich het beste verwerken in een puree. Schil de wortels met een dunschiller, koken, stampen met boter en melk. Op smaak brengen met peper, zout en wat versgeraspte nootmuskaat.

De bloemen van de toortsen zijn heel subtiel van smaak, heel geschikt om salades of andere gerechten mee te decoreren, maar ook in een zomerse bloemenboter doen ze het goed.

ROZEN EN HUN BOTTELS

De koningin van de eetbare bloemen is natuurlijk de roos. Alle rozen en hun bottels zijn eetbaar! (Let op, rozen van de bloemist zijn door bestrijdingsmiddelen niet meer geschikt voor consumptie.)
De smaak van rozen verschilt van licht-bitter tot zoetbloemig. De lekkerste aller rozen is de rimpelroos.
Rimpelroos of Japanse rimpelroos, dat is de officiële naam voor de klassieke rozenbottelroos, van die wit en cyclaam bloeiende struiken in achterafplantsoentjes, daar neergezet omdat ze oersterk zijn. Deze rozen ruiken goddelijk en smaken super. Als je erop gaat letten zie je de rimpelroos ineens overal. Echt wild zijn ze natuurlijk niet, ze zijn meestal geplant door de groenvoorziening. Dus spelen ineens ethische kwesties een rol. Gun ik anderen ook het genot om naar deze rozen te kijken? Hoeveel rozen kan ik plukken zonder dat het uitmaakt? Hoeveel rozen heb ik eigenlijk nodig?
Als er genoeg bloeiende rozen zijn kan je er best een paar meenemen om op te eten. Alles wat je oogst op het terrein van een ander, daar heb je toestemming voor nodig, maar niemand maakt zich druk over deze regel als je brandnetels plukt. Bij rozen kan dat anders liggen. Maar bij de rimpelrozenstruik hoef je het niet te laten, want deze struiken zijn zo vol groei- en bloeikracht dat ze meteen weer aan de bak gaan om de geoogste bloem te vervangen. En zo hoort wildoogst ook: plukken wat de natuur makkelijk weer bij kan maken. De rimpelroos is een exoot van Aziatische oorsprong. In de duinen geldt hij zelfs als een invasieve exoot. De inheemse wilde roos, de hondsroos, is kleiner en minder geurig, maar ook zeer geschikt voor consumptie. De bottels van de hondsroos zijn moeilijker te verwerken, omdat ze harder zijn, maar hun smaak heeft meer karakter. Met de mildere smaak van de bottels van de rimpelroos kan je alle kanten op. Met de juiste kruiden blijken er 'tomaten' in het plantsoentje te groeien!

SAUS VAN 'WILDE TOMATEN'

Pluk 1 kg rozenbottels van de rimpelroos. Pluk alleen de donkerrode, maar nog wel stevige bottels. Doe de bottels met 2,5 dl witte wijn in een pan, deksel (zonder gaatje!) erop en rustig aan de kook brengen. 30 min. zachtjes koken en met de deksel op de pan laten afkoelen. Door een zeef wrijven. Je hebt nu superlokale wilde 'tomatensaus', perfect voor bij de spaghetti.

ZOMERSE ROZENSALADE

(voor- of bijgerecht voor 2 personen)
Haal het hart uit een botersla; de buitenste bladeren kan je voor een soepje of een stoere sla de volgende dag gebruiken. Nu alleen de zachte tennisbal uit het midden gebruiken. Was en droog de slablaadjes, meng ze in een mooie kom met de blaadjes van 4 gave rimpelrozen, brokkel er 50 g zachte geitenkaas op. Beetje peper en zout erover en besprenkelen met een klein beetje dressing – te veel en je smoort de subtiele rozensmaak – van een ½ tl frambozenazijn gemengd met een ½ el olijfolie.

Bereidingssuggestie

Maak ook eens een siroop van rimpelrozen of onttrek geur en smaak van de bloem met alcohol. Rozengin? De zomerhit van volgend jaar.

In een wilde kruidenthee zijn (rimpel)rozen top!

JUDASOOR

Judasoor is eenvoudig te herkennen: het is een bijna doorzichtige, oorvormige zwam van 2 tot 6 centimeter met een lichtbruine tot donkerroze kleur. Bij jonge oren is de bovenzijde fluweelachtig behaard en de binnenkant glad en licht gerimpeld.
De oren hebben een kraakbeenachtige structuur en worden naarmate ze ouder worden donkerder van kleur en harder van structuur. Bij droogte krimpt het judasoor en wordt de zwam hard en zwart van kleur; in vochtige omstandigheden zwelt de zwam weer op. Zowel verse als gedroogde oren zijn eetbaar.
Judasoor is het hele jaar door te vinden en groeit op schaduwrijke plaatsen met een hoge luchtvochtigheid. Je vindt hem op zowel dode als levende boomstammen; hij prefereert de stammen en grote takken van de vlier, maar groeit ook op ander loofhout, zoals acacia of populier. Het judasoor, ook wel muizenoor of boomoor genoemd, is een zeer algemene soort.
De naam judasoor verwijst naar het verraad van Christus door Judas. Na het verraad zou Judas zich hebben verhangen aan een vliertak. Omdat de paddenstoel de vorm heeft van een oor ging het verhaal dat dit het oor van Judas was, dat eeuwig moest luisteren naar de wind die hem beschuldigde van het verraad van Christus.
In China werd judasoor (althans de Chinese soort) al lang voor de jaartelling op stammetjes gekweekt, en vermoedelijk is het zelfs de eerste gecultiveerde paddenstoel. Het judasoor is dan ook zeer gewaardeerd in de Chinese keuken en wordt in China veel verkocht, vooral de gedroogde variant. In de westerse keuken is de zwam vanwege zijn kraakbeenachtige, rubberige textuur niet echt geliefd. Van zichzelf heeft hij niet veel smaak en hij moet het vooral hebben van zijn '*bite*' of '*crunch*'; de smaak geef je er zelf aan met het vocht of de marinade waarin je de zwam weekt of kookt. Gedroogde judasoren kan je jaren bewaren. Verse judasoren kan je eenvoudig in de oven drogen (40-50 °C); laat de ovendeur ietsje openstaan om het vocht te laten ontsnappen.

JUDASROL

Stoof in ruim boter 250 g verse jonge judasoren met drie fijngesneden knoflookteentjes, tijm, peterselie, zout en peper in 20 min. beetgaar. Neem 4 sneden witbrood zonder korsten en verdeel de gestoofde oren erover. Rol de boterhammen op en zet ze vast met een prikker. Beboter de rolletjes en leg ze op een bakplaat in een voorverwarmde oven (180 °C) of onder de grill en laat in 5 min. bruin worden.

GEBAKKEN EI VAN JUDASOOR

Week een handvol gedroogde oren ca. 20 min. in koud, ruim water (ze verdriedubbelen in omvang!). Knijp de oren uit, dep ze droog en snij ze in heel dunne reepjes. Fruit de reepjes met een gesnipperde ui in boter. Breek er 2 eieren boven en bak ze gaar. Naar smaak zout en peper toevoegen.

GEWOKTE WITTE KOOL MET JUDASOREN

Wel een handje rozijnen in witte wijn of water. Verwarm een scheutje olie in een wok en roerbak op hoog vuur een in reepjes gesneden halve witte kool, 150 g in repen gesneden verse oren, 2 fijngesneden knoflooktenen en flink wat kerriepoeder. Voeg als de kool iets is geslonken een scheut kippenbouillon en rijstazijn toe en laat dit in ca. 5 min. verdampen. Doe de uitgelekte rozijnen erbij en bak alles nog even kort op een hoog vuur. Breng op smaak met rijstazijn, zout of peper. Lekker met rijst.

ZWARTBEKGRONDEL

De zwartbekgrondel is een gedrongen grijze vis van 10 tot 25 cm met een dikke kop. Hij is goed herkenbaar aan de zwarte vlek achter op de voorste rugvin. De vis komt oorspronkelijk uit de omgeving van de Zwarte Zee en de Kaspische Zee. Door de aanleg van het Main-Donaukanaal en via ballastwater van schepen verspreidde de soort zich over West-Europa en Noord-Amerika.
Het vrouwtje legt meerdere keren per jaar eitjes, die door het mannetje worden bewaakt. Pa en ma eten zelf graag de eitjes van andere vissoorten die wat zorgelozer met hun eitjes omspringen. Dus gaat het met de zwartbekgrondel heel erg goed, en de stand van inheemse vissen lijdt daaronder. Overal in Nederland waar de bodem van het water stenig is, kan je met weinig moeite grondels vangen.
Met een eenvoudige hengel met een klein haakje en wat maden kan je aan de slag.
In Nederland zwemmen naast de zwartbek- en de marmergrondel ook de Kesselers en Pontische stroomgrondel – allemaal verwante exoten. Om ze goed van elkaar te kunnen onderscheiden heb je een recente veldgids voor zoetwatervissen nodig. Alle grondels hebben een zuignap op hun buik; bij de Kesselers grondel heeft die een kenmerkende okerkleur. De twee buikvinnen zijn bij grondels vergroeid tot een zuignap waarmee de vis zich aan de stenen vastmaakt om de stroming te weerstaan.
Echt leuk om dit napje even op een vinger te voelen als je er een gevangen hebt.
De eerste grondel werd in 2003 waargenomen in Nederland. Inmiddels vormen ze een serieus bestanddeel van de Nederlandse vispopulatie. Het is ongelofelijk hard gegaan met de grondels en het eind is nog niet in zicht. Tijd om het mantra *'if you can't beat them, eat them'* te gaan toepassen. Dit is de lijfspreuk van Amerikaanse ecologen die in 2011 de 'invasivoor' uitvonden: dat is iemand die invasieve exoten eet. En wij zeggen... zwartbekgrondels eten, dat is geen straf!

GEFRITUURDE GRONDELS

Vang per persoon 5 à 6 zwartbekgrondels, tik ze op de kop. De kop van grondels langer dan 7 cm afsnijden. Buik tot anus insnijden en de ingewanden eruit halen, ontschubben, schoonspoelen en wegzetten. Kleintjes kan je prima met kop frituren, maar boven de 7 cm zijn ze zonder kop echt lekkerder.
Verhit in een stevige pan een ruime hoeveelheid zonnebloemolie, zodat de grondels er ruim in kunnen 'zwemmen'. Als de olie goed heet is – gooi er een korst brood in, als die keihard bruist is het goed – grondels per 4 in de pan. De vissen kort frituren, want de boel wordt snel te gaar. Heerlijk met kraailookmayonaise.

KRAAILOOKMAYONAISE

Pluk tijdens het vissen een mooi bosje kraailook (zie pagina 30). Verwijder het buitenste blad en de lelijke topjes. Hak de kraailook fijn. Maak er met behulp van keukenmachine of staafmixer een saus van door de gehakte kraailook met 100 ml zonnebloemolie en een snuf zout te bewerken. Zet weg. Bieslook uit tuin of winkel is een goede vervanger van de kraailook.
Maak een mayonaise door 1 eidooier en 4 tl dijonmosterd met een mixer goed te mengen en dan, eerst druppel voor druppel, 200 ml koudgeperste zonnebloemolie toe te voegen. Dit vraagt geduld, maar de beloning is hoog! Als alles is gemengd de kraailooksaus rustig toevoegen, nog even mixen en proeven op zout. Je wilt meteen frites bakken, vis en alles waar maar mayo bij kan!

HERFST

ZULTE OF ZEEASTER

De bladeren van de zeeaster (of zulte) worden in Zeeland of bij de groenteboer wel verkocht als lamsoor. Een tikkeltje verwarrend, want lamsoor is een heel andere plant dan zeeaster, maar gelukkig zijn beide eetbaar. De planten gedijen beide goed op zilte grond, maar ze lijken niet op elkaar. Lamsoor is 10 tot 50 cm groot en heeft grauwgroene, leerachtige bladeren. De plant groeit in grote groepen op zeedijken en kwelders, die in juli tot en met september paars kleuren als de planten in bloei staan. Binnendijks vind je zelden lamsoor.
De zeeaster is een stuk groter, een halve tot anderhalve meter, en zijn bladeren zijn smal en langwerpig. Hij heeft een krachtige, onbehaarde stengel, die bovenin vertakt in een grote hoeveelheid, 2 cm grote paarsblauwe bloempjes met een geel hart. De plant bloeit van augustus tot oktober en is in deze periode heel belangrijk voor insecten, met name voor honing- en wilde bijen. Het vruchtpluis (het nootje) wordt door de wind of via het water verspreid. Die nootjes kunnen in de bodem pas ontkiemen als na de nodige voorjaarsregens het zoutgehalte voldoende is verlaagd.
De zeeaster gedijt in zoute en brakke gebieden en groeit voornamelijk langs de kust in schorren en kwelders, maar de plant wordt ook wel verder landinwaarts aangetroffen, zolang er maar een ziltige bodem of brak water is. Omdat weinig planten van zout houden, heeft hij in die gebieden weinig concurrenten.
In de stad vind je de zeeaster alleen op de oevers van de kanalen en in havens die in nauw contact staan met de zee of langs sloten in brak gebied. Een enkele keer duikt de plant op een onverwachte plek op, bijvoorbeeld als die is opgespoten met zilt slib.
De (jonge) bladeren van de zeeaster zijn zeer smakelijk. Als je ze gaat verzamelen, neem dan een klein, scherp mesje mee en snij voorzichtig wat bladeren van de plant. Laat de worstelstok onaangetast, want die groeit vanzelf weer uit tot een groene plant.
Zeeaster is heerlijk met vis, pasta, asperges en lamsvlees.

ZULTESALADE MET HAZELNOTEN
Verzamel 150 g jonge blaadjes, was ze goed en kook ze kort (30 sec.) in een laagje water; laat uitlekken in een vergiet. Hak een handvol hazelnoten grof en rooster ze in een droge koekenpan lichtbruin. Meng in een kom 2 el sherry en 3 el (walnoot)olie, voeg naar smaak zout en gemalen zwarte peper toe en hussel de zulte en de noten erdoorheen. Lekker bij lamsvlees of zeebaars.

BAARSSOEP MET ZULTE
Een filet (ca. 200 g) van baars (zie pagina 60), of neem een andere stevige vis, kort en voorzichtig bakken in roomboter; de vis mag niet uit elkaar vallen. Snij de filet vervolgens in kleine mootjes. Breng 380 ml visfond met 4 dl water aan de kook, doe er ongeveer 8 saffraandraadjes bij en kook 3 min. mee. Roer 2 dl zure room door de bouillon en laat nog 1 min. zachtjes koken. Schep 75 g zulte door de soep en laat de groente in 2 tot 3 min. slinken. Doe 1 el sherry in de soep en leg de vismootjes erin; breng op smaak met zout en gemalen zwarte peper.

Bereidingssuggestie

Zulte smaakt al heerlijk als je wat jonge blaadjes wast en zachtjes smoort in boter.

INKTZWAMMEN

De geschubde inktzwam is een typisch stadse soort, die je vooral vindt op omgewoelde grond in gazons of grasbermen.
Je kan de wit gekleurde zwammen vinden van september tot december. De zwam is goed te herkennen aan de gebogen schubben op de hoed en ze staan vaak in groepjes bij elkaar. De steel heeft een ring die er na verloop van tijd afvalt. Als de zwam ouder wordt, breekt de hoed van onder open en worden de lamellen met de sporen zichtbaar. Wanneer de lamellen rijp zijn, lossen ze op tot een pikzwarte vloeistof (de inkt).
Eetbaar zijn alleen de jonge, gesloten exemplaren die geheel wit zijn, van binnen én van buiten. Controleer dit door de inktzwam overlangs door te snijden. Zodra er grijze of zwarte plekken zichtbaar zijn, kan je de zwam niet meer eten. De jonge geschubde inktzwam heeft zacht vruchtvlees, dat smaak kan geven aan soep, hartige taarten of een spiegelei. Bereid de geschubde inktzwam direct na het plukken! Je kan de zwam niet bewaren, want hij begint direct na het plukken op te lossen. Al na een dag in de koelkast vertoont de zwam een zwarte inktsmurrie.
De inktzwam kan wel goed worden gedroogd. Snij daarvoor de zwam in dunne plakken en droog deze in een oven (40-50 °C) met de ovendeur op een kier om het vocht te laten ontsnappen; vermaal de plakken daarna tot fijn poeder, dat je kunt gebruiken als smaakversterker in soepen en sauzen.
Kan je bij de geschubde inktzwam goed een glas alcohol drinken, doe dit vooral niet bij de grote kale inktzwam!
Deze zwam ziet er anders uit – heeft geen geschubde, maar een gladde hoed met kleine platliggende bruine vlokken – en de jonge exemplaren zijn goed eetbaar, maar zelfs als je de dag ervoor alcohol hebt gedronken, kan dat een heftige reactie veroorzaken. De kale inktzwam bevat namelijk coprine en dat beïnvloedt het afbreken van alcohol in het lichaam. Coprine zit ook in de Antabusepil, die wordt gebruikt in de strijd tegen alcoholisme. De stof veroorzaakt in combinatie met alcohol misselijkheid, overgeven, hyperventilatie, hoofdpijn, dorst, hartkloppingen en ademnood.

RAUWE INKTZWAMSALADE

Doe 100 g jonge, in plakken gesneden, rauwe geschubde inktzwammen zonder steel in een schaal. Meng er 3 el olijfolie en 1 el citroensap, een fijngesneden knoflookteen en versgemalen zwarte peper door. Giet vlak voor het serveren het vocht af en voeg zout en fijngeknipte bieslook of peterselie naar smaak toe.

INKTZWAMMEN IN ROOMSAUS

Bak 2 gesnipperde uien in boter goudgeel. Snij 400 g jonge geschubde inktzwammen in grove stukken, voeg samen met wat zout en 1 el paprikapoeder toe aan de uien en stoof in minder dan 5 min. gaar. Meng daarna 3 dl zure room met 1 el bloem, voeg al roerend aan de zwammen toe en warm even kort door. Garneer met spiegeleieren en serveer met pasta of bruin brood.

SOEP VAN INKTZWAM

Schil 6 grote aardappelen, snij in kleine stukken en kook in 6 dl groentebouillon gaar. Snij 350 g jonge geschubde inktzwammen in grove stukken en stoof in wat boter of olijfolie. Voeg het inktzwammenmengsel toe aan de bouillon met aardappelen. Daarna 4 dl zure room en 2 dl melk mengen met 2 el bloem en kloppend toevoegen aan het mengel en blijven roeren tot het kookt. Breng op smaak met versgemalen zwarte peper en karwij of fijngehakte dille.

BOVISTEN

Bovisten zijn paddenstoelen die tot de familie stuifzwamachtigen behoren. Hiervan scheurt het vruchtlichaam open wanneer ze volgroeid zijn. Via de kraterachtige opening aan de bovenkant komen dan de sporen naar buiten en verspreiden zich. Als je ertegenaan tikt ontsnapt er een wolkje sporen. Dit hoeft geen krachtig tikje te zijn. Zelfs regendruppels kunnen ervoor zorgen dat de sporen naar buiten worden geperst. Een ander duidelijk kenmerk is dat ze geen steel hebben.
Bovisten liggen als het ware als balletjes in ons landschap. Vooral in parken en bermen. En bijna altijd in het gras.
Soms zijn het geen balletjes, maar hebben ze het formaat van een voetbal. De reuzenbovist is een algemene soort in stedelijk gebied en lijkt op een bal van glad piepschuim. Het komt wel eens voor dat ze een doorsnede hebben van maar liefst 80 cm. Het vlees van de reuzenbovist is stevig, maar heeft geen uitgesproken paddenstoelensmaak. Jonge bovisten zijn zeer smakelijk als je ze in plakjes snijdt en bakt. De volwassen, grote exemplaren zijn wel eetbaar, maar zijn ietwat droog en sponzig. Ook de ruitjesbovist kan je in de stad aantreffen. Deze is een stuk kleiner dan de reuzenbovist en heeft in tegenstelling tot het gladde oppervlak van de reuzenbovist een veel ruwer oppervlak, met ruitjesvormige schubben. Het vruchtlichaam is een beetje peervormig en wordt gemiddeld zo'n 10 cm hoog. De ruitjesbovist tref je vooral aan in weilanden en in bosrijke parken. Daar groeien ze vooral aan de rand van het bos. Een andere eetbare soort die je nog in de stad kan aantreffen is de parelstuifzwam. Net als de ruitjesbovist heeft deze paddenstoel een schubachtig uiterlijk, alleen veel stekeliger. Ook deze soort groeit veelal in bosrijke parken.
Van alle genoemde soorten paddenstoelen is alleen het witte vlees eetbaar.
Alle bovisten kun je plukken vanaf eind zomer tot eind najaar.

WILDPLUKKERSONTBIJT MET EIEREN, SPEK EN REUZENBOVIST

(voor 2 personen)

Doe een scheut olijfolie en een klontje boter in een ruime koekenpan met 6 dikke plakken spek. Voeg 300 g reuzenbovist in blokjes van 1 cm toe, laat samen bakken. Let wel: de bovist moet eerst wat water kwijtraken, dus het geheel kan wat drassig worden, maar heb geduld! Hoe geduldiger je nu bent, hoe beter de zwam straks smaakt. Ondertussen in een andere pan een pot afgespoelde en uitgelekte witte bonen (240 g uitgelekt gewicht) in een flinke scheut olijfolie bakken. Voeg wat pikante paprikapoeder toe en een vleestomaat, of liever nog een *coeur de boeuf*, in dikke plakken. Samen bakken met een paar slagen zwarte peper en wat zout. Als de zwam geen vocht meer verliest, deze samen met het spek aan de kant schuiven en in het midden van de pan 4 eitjes breken. Zachtjes bakken, we willen mooie spiegeleitjes! Verdeel over 2 borden, kop koffie erbij en klaar voor een dag de paden op, de lanen in.

Bereidingssuggestie

Plakken van een flinke reuzenbovist kan je ook bereiden als schnitzel. Veeg de bovist goed schoon, snij in dikke plakken, bestrooi met zout en wacht tot je het vocht eruit ziet komen. Droogdeppen en dan paneren: eerst bestrooien met meel, uitschudden, dan door een geklutst ei halen en dan door de paneermeel. Direct bakken in bruisende roomboter. Lekker bij een brandneteltaart met kaas.

BRAAM

De braam komt veel voor in de stad en vind je met name in ruige groenstroken in parken, bermen en taluds van het spoor. Vooral daar waar de bodem een beetje stikstofrijk is. Dat is te herkennen aan de aanwezigheid van bijvoorbeeld brandnetels. Die groeien graag op een stikstofrijke bodem. In Nederland is de meest voorkomende soort de gewone braam. Deze heeft soms witte en soms roze bloemen en grote blauwzwarte vruchten die het plukken van bramen zo aantrekkelijk maken. Ook de dauw- of duinbraam kom je in Nederland tegen. Deze soort groeit vooral in duingebieden en de vruchten hiervan zijn wat kleiner dan van de gewone braam. Zoals de naam al aangeeft, hebben de vruchten een bedauwd, doffig uiterlijk. Een braamstruik dient een enorme verscheidenheid aan leven. Zo is de nectar van de bloemen een heel belangrijke voedselbron voor bijen, biedt de stekelige struik een veilig onderkomen aan kleine zoogdieren zoals de egel en het konijn, maken merels en winterkoninkjes hun nest in de struik en dienen de vruchten als voedselbron voor vogels en vossen. Dus net als voor alle andere soorten geldt: bepluk deze struik altijd met mate.
De vos, die tegenwoordig ook steeds vaker in de stad voorkomt, wil nog wel eens aan bramen likken en kan zodoende de laaghangende vruchten besmetten met vossenlintworm. Hoewel de kans niet groot is dat jij nou net die door een vos belikte braam plukt, is enige voorzichtigheid wel geboden. Laat daarom het laaghangende fruit – net iets boven de knie – hangen of verhit het tot boven de 60 °C. Dan gaan de eitjes van de lintworm dood.

Het eten van bramen is een gezonde bezigheid, want de vrucht is rijk gevuld met antioxidanten en vitamine C.
Van bramen kan je natuurlijk jam maken, maar ook likeur, saus, wijn en ijs.
Juli, augustus en september zijn de beste plukmaanden voor de vruchten.

MAISBROOD MET BRAMEN

Een mooi en makkelijk alternatief voor kruimige aardappelen. Verwarm de oven voor op 200 °C. Doe 70 g gewone bloem met 6 g bakpoeder, 4 g zout, 16 g suiker en 60 g maisgriesmeel voor polenta* in een kom. Meng goed. Voeg dan 75 ml karnemelk, ca. 75 g bramen, 2 eieren en 60 ml olie toe. Goed roeren en in een ingevette brownie vorm, 28x18 cm of iets kleiner, een halfuur in de oven bakken. Dit maisbrood lijkt op cake, maar is het niet! Doop het in een reestoof of in jus van wildbraad.

* Dit vind je in de supermarkt bij de buitenlandse producten.

WILDE VRUCHTENGIN

Neem een fles gin van 70 cl en giet 30 cl in een andere fles. Voeg 90 g suiker aan de 40 cl gin toe. Vul de fles af met gemengde wilde vruchten. Bijvoorbeeld de combinatie 50% rozenbottel, 30% braam en 20% vlierbes.
Pluk schoon fruit met schone handen en stop het meteen in de fles. Kneus het een beetje door de fles krachtig te schudden, dan mengen de smaken makkelijker. Zet de fles 6 weken op een zichtbare plek in de woonkamer; dat ziet er mooi uit en maakt het makkelijker iedere dag even te schudden. Na 6 weken de boel eerst grof zeven, met een pollepel doordrukken, dan door een goed gespoelde theedoek. Nog 6 weken laten narijpen en dan heb je een mooi drankje om op een koude middag te drinken en te mijmeren over de zomer.

HAZELNOTEN

In de stad zijn er twee soorten eetbare hazelnoten te vinden: de hazelnoot van de hazelaar en de hazelnoot van de Turkse hazelaar. De hazelaar is een tot zes meter grote inheemse struik die overal in de stad is aangeplant aan de randen van parken, bermen, plantsoenen en sportvelden.
De hazelaar begint als een van de eerste struiken soms eind december al te bloeien. De mannelijke en de vrouwelijke bloeiwijzen zitten apart aan de struik. De mannelijke, de katjes, kunnen 12 cm lang worden. Als ze rijp zijn wordt het stuifmeel, de pollen, door de wind verspreid waardoor de vrouwelijke bloemen worden bevrucht, zodat die kunnen uitgroeien tot hazelnoten. Die bloemen gaan grotendeels schuil in een knop, met kleine rozerode kroontjes. Het blad van de hazelaar bot pas uit nadat de wind zijn werk heeft gedaan en de bestuiving heeft plaatsgevonden.
De Turkse hazelaar is een boom die in veel steden langs straten en wegen is aangeplant en wel twintig meter hoog kan worden. De noten van de Turkse hazelaar zijn kleiner dan de noten van de hazelaar. Er wordt wel gezegd hoe kleiner de noot hoe beter de smaak, maar test dat vooral zelf.
Oogst de noten eind september als ze bruin zijn of als ze op de straat vallen. Gooi de noten met een gaatje weg, want dan is een snuitkever met de toepasselijke naam hazelnootboorder je voor geweest. Hou bij het plukken in gedachten dat dieren zoals eekhoorn, boomklever en gaai ook graag hazelnoten eten en daarmee ook voor de verspreiding van de hazelaar zorgen!

Droog de hazelnoten na de oogst twee tot drie weken in een warme en droge ruimte. Zorg dat ze goed verspreid en los van elkaar liggen. Laat ze niet te lang liggen; na twee maanden wordt de smaak minder.

· HAZELNOTEN VAN DE HAZELAAR (RECHTS) EN VAN DE TURKSE HAZELAAR

GEROOSTERDE HAZELNOTEN

Kraak de gedroogde hazelnoten en leg ze in een laag op bakpapier in een voorverwarmde oven (circa 180 °C), of gebruik een koekenpan op een laag vuur. Hussel de noten na 4 min. zodat ze gelijkmatig worden geroosterd. Na weer 4 min. beginnen de noten te geuren en ziet het velletje er bruin uit. Proef of ze krokant zijn. Zo ja, haal de noten uit de oven of koekenpan en wikkel ze in een theedoek en wrijf de noten tegen elkaar om de velletjes te verwijderen. Breng de ontvelde hazelnoten desgewenst op smaak met wat zout.

CROQUANT VAN HAZELNOOT

Meng 125 g suiker met 3 el water in een pan met een dikke bodem en zet op een laag vuur en roer tot de suiker is opgelost. Breng het mengsel aan de kook en roer totdat de suikeroplossing karamelkleurig wordt. Voeg 175 g geroosterde, ontvelde en in stukken gehakte noten toe en meng totdat de stukjes noot zijn bedekt. Giet het mengsel in een met zonnebloem ingevette taartvorm en strijk het geheel glad met een ingevette spatel. Laat afkoelen en breek de croquant daarna in brokken.

NUTELLA

Doe 200 g geroosterde en ontvelde hazelnoten in een keukenmachine en maal in circa 5 min. tot een gladde pasta. Roer de pasta om de minuut door zodat alle olie uit de noten vrijkomt en het een mooie, gladde pasta wordt. Voeg dan toe: 100 g poedersuiker, 35 g cacaopoeder, 2 el (hazelnoot)olie, 1 el vanille-extract en een snufje zout. Meng het geheel nog circa 2 min. zodat de smaken goed kunnen mengen. Lekker op brood.

SLEEDOORN EN AMERIKAANSE VOGELKERS

De sleedoorn is een ruige struik met doornen die in heel Nederland voorkomt. De struik is inheems. Deze wilde pruim is net als alle steenvruchten lid van de rozenfamilie. De struik bloeit vanaf eind maart. De witte bloesem van de sleedoorn ‘staat’ op kaal hout, dus verschijnt eerder dan de blaadjes. Dit geeft het beeld van een ‘witte wolk’. Zodra je die ziet, weet je dat het bloesemseizoen is geopend!
De sleedoorn is een geliefde struik in houtwallen en afscheidingen. Je vindt hem in ruigere parken, maar vooral langs spoorbanen en aan de randen van steden en dorpen. De oude takken van de struik lopen uit in een doorn; dit geeft de struik de kwaliteit van een rol prikkeldraad... Het ondoordringbare karakter van dit soort houtwallen maakt dat ze een veilige haven voor wilde dieren zijn.
De bloesem maakt in de zomer plaats voor een wrange vrucht, de sleepruim, die je echt goed rijp moet laten worden. Vanaf eind september kan je ze plukken. Doe wel een stevige jas aan, want om veel bessen te plukken moet je diep in de struik tasten. De bessen zijn te plukken tot diep in november.
De Amerikaanse vogelkers bloeit pas in de zomer, als de bladeren aan de struik verschijnen. Weinig struiken hebben zo laat nog bloesem. Wel handig, want dat maakt de struik goed herkenbaar. Een ander onderscheidend kenmerk zijn de haartjes aan de onderzijde van de leerachtige bladeren. Die zitten aan beide kanten van de bladnerf.
De struik is een exoot die onder meer te vinden is in bossen en in de Waterleidingduinen. Zijn bijnaam, bospest, geeft het al aan: de struik is een invasieve exoot. Het afgraven van bospercelen die overwoekerd waren door de Amerikaanse vogelkers heeft al miljoenen gekost.
De kersjes aan de struik zijn in augustus rijp, dan zijn ze bijna zwart. Ze zijn zoet en zo van de struik te eten. Maar let op: de pitten uitspugen! Die bevatten blauwzuur. Overigens geldt dat ook voor gewone kersen. De bloesem bevat ook blauwzuur en dat proef je. De bloemetjes smaken naar bittere amandelen; daar kan je best wat van eten, maar niet te veel.

SLOE GIN

Een heerlijk fruitige en verwarmende likeur op basis van gin. Pluk in september 350 g mooie rijpe sleepruimen, doe die met 150 g suiker en 500 ml gin in een schone fles. Een paar keer heel goed schudden en 2 maanden laten staan, zeven en mmm...
Lang houdbaar!

COMPOTE MET SLEEPRUIM, UI EN APPEL

Pluk in september/oktober 300 g rijpe, donkere sleepruimen. Zet de pruimpjes met 125 ml rode wijn en een kaneelstokje op het vuur en laat 20 min. zachtjes koken. Ondertussen 200 g grofgehakte ui in een klont boter smoren, met een vers blad laurier en ruim peper en zout.
Als de ui zacht begint te worden 150 g appel in grove stukken toevoegen. De ui en appel moeten gaar worden, maar geen pap: zet op tijd uit. Doe de sleepruimen door een roerzeef (kaneelstokje verwijderen) en voeg 45 g suiker toe aan het ui-en-appelmengsel. Nog heel even samen verwarmen. Laat afkoelen en serveer.
Sleepruim kan nog tot laat in het jaar geoogst worden; de grootte van de vrucht en het moment van afrijpen variëren per struik.

Bereidingssuggesties

De bloesem van de sleepruim smaakt naar amandel en leent zich uitstekend voor het maken van siroop door middel van koude extractie (zie pagina 51).
De besjes van de vogelkers kunnen kort worden gekookt en na verwijdering van de pitten worden gebruikt om jams of gelei mee te maken. Maar rauw van de struik is-ie het lekkerst!

DUINDOORN

De duindoorn is een twee tot vier meter hoge struik met zilverkleurige, smalle bladeren en lange houtige, venijnig scherpe takdoorns. Wat vooral opvalt – in september-oktober – zijn de oranjekleurige bessen. De duindoorn is een echte duinplant, maar hij komt ook op andere plekken in Nederland voor, als er maar kalkhoudend zand in de bodem zit. Kijk vooral langs spoorwegen, rivieroevers en op opgespoten terreinen die een tijdje aan hun lot zijn overgelaten en onbebouwd zijn gebleven. Heel soms tref je de struik in een plantsoen aan.
De struik kan een halve meter per jaar groeien, verdraagt zout en het stuiven van het zand en is ook hittebestendig: stervormige schubjes op de struik beschermen de bladeren en takken tegen de felle zon, zodat de struik niet uitdroogt.
Duindoornbessen zijn heel gezond, want ze bevatten veel vitamine C en E, maar ze zijn behoorlijk zuur. De bessen zijn vaak al overrijp als kramsvogel, koperwiek, spreeuw en zanglijster op weg gaan naar hun overwinteringsgebieden, en de beste periode om de bessen te plukken is dan ook half september. In de winter kunnen de bessen gaan gisten en vogels die ze dan eten worden al snel dronken. Die staan dan te waggelen op hun pootjes en kunnen soms zelfs niet meer opvliegen. Ook vossen en marters zijn dol op de bessen en dat is goed te zien aan de grote hoeveelheid pitten in de oranjegekleurde drollen.
Overigens is het plukken van de bessen geen sinecure, want ze groeien dicht en stevig op de takken en worden goed beschermd door stevige, lange doorns. Een ander probleem is dat de bessen snel beschadigen en soms al openbreken bij het plukken. Een snoeischaar en stevige handschoenen bieden uitkomst. Knip kleine stukjes van de tak waar de bessen aan zitten af en leg deze bij thuiskomst in de vriezer; na een paar dagen kan je de bessen er zo vanaf schudden.

DUINDOORNBESSENJAM
Pluk ½ kg bessen (zie de tips hiernaast), verwijder blaadjes en steeltjes, was ze en doe ze met aanhangend water in de pan. Kook tot de bessen knappen en hun sap verliezen; voeg eventueel water toe tot een saus ontstaat. Zeef de saus, voeg er 500 g geleisuiker aan toe, en breng al roerend aan de kook. Giet de jam in schone potten en sluit af. Een stevige zoetzure jam die heerlijk is bij schapenkaas.

DUINDOORNLIKEUR
Pluk 300 g bessen, verwijder blaadjes en steeltjes, was ze en week ze op kamertemperatuur in een pot of fles samen met 3 reepjes citroenschil, 3 reepjes sinaasappelschil en 20 korianderzaadjes ten minste 3 maanden in 7 dl alcohol van 40% (bijvoorbeeld wodka, rum of brandewijn). Zeef de vloeistof door een schone doek en voeg naar smaak 200 g suikersiroop en 2 tl honing toe. De likeur is dankzij de alcohol natuurlijk lang houdbaar, maar ook direct te gebruiken.

Bereidingssuggestie

Het sap van duindoornbessen is als vervanger van citroensap heerlijk in dressings.

TAMME KASTANJE

In veel steden zijn volop kastanjebomen te vinden, en doorgaans gaat het dan om de paardenkastanje. In het voorjaar pronkt de boom met zijn prachtige witte bloemen, die wel op grote witte kaarsen lijken, en in het najaar zien ook zijn warmbruine kastanjes er prachtig uit. Maar helaas, deze kastanjes kan je niet eten en ze zijn voor mensen zelfs giftig. Minder zichtbaar en zeker minder algemeen is de tamme kastanje. Die behoort tot een andere plantenfamilie en de vruchten van deze soort zijn wel eetbaar.
Oorspronkelijk kwam de tamme kastanje alleen voor in de bossen rondom het Middellandse Zeegebied. Hoe hij bij ons terecht is gekomen, is onduidelijk. Sommigen beweren dat de Romeinen de tamme kastanje naar Noord-Europa hebben gebracht om hun legioenen van voedsel te voorzien. Anderen denken dat de kastanjes van de boom al veel eerder door de Kelten als lekkernij werden gezien en dat zij de boom naar de noordelijke landen vervoerden. Tamme kastanjes zijn niet alleen geliefd bij mensen, ook dieren zijn er dol op. Wilde zwijnen, eekhoorns, muizen, gaaien en kraaien lusten ze graag.
Tamme kastanjes vind je in de stad vooral in parken en tuinen. Hij bloeit in het voorjaar; de kastanjes zijn rijp in de herfst. Meestal zitten er drie tot vier kastanjes in een stekelige bolster. De stekels beschermen de kastanjes tegen voortijdige vraat en kunnen bij aanraking gemeen prikken. Wanneer de kastanjes rijp zijn springt de bolster open en vallen de glanzend bruine kastanjes op de grond. De vrucht heeft een leerachtige schil – die niet eetbaar is – en een aarvormig sprietje aan de top van de noot, het restant van de mannelijke bloeiwijze.
De vruchten van de tamme kastanje zijn in veel landen populair en worden meestal als gepofte of geroosterde snack op straat verkocht. De kastanjes kunnen ook tot puree worden vermalen, zoals in Frankrijk veel gebeurt, waar kastanjepuree (*crème de marrons*) op tafel komt als bijgerecht of dessert. Kastanjes zijn vers maar kort houdbaar, drie tot zes dagen meestal; daarna worden ze snel droog. Gedroogde kastanjes zijn overigens bij de Turk het gehele jaar te koop.

KASTANJEPUREE

Verzamel 1 kg verse kastanjes, was ze en kruis ze in of snij doormidden en kook 15 min. in water. Als je gedroogde kastanjes gebruikt, doe deze in een pan en overgiet ze met kokend water; laat het water afkoelen, kruis ze in of snij ze doormidden en laat ze vervolgens in hetzelfde water 15 min. koken.
Giet het water af, pel de kastanjes en verwijder de door rupsjes aangetaste kastanjes. Kook voor een hartige puree de kastanjes in enkele minuten verder gaar in kippen- of paddenstoelenbouillon, voor een zoete puree in melk met een vanillestokje. Wrijf de gare kastanjes door een zeef of pureer met een staafmixer. Maak de hartige variant af met een klont boter en peper en zout, meng voor de zoete variant het kastanjemengsel met 100 ml room en eventueel wat rietsuiker.

KASTANJES POFFEN

Was de kastanjes, kruis ze in of snij doormidden. Er zijn verschillende pofmethoden.
In de oven: verwarm de oven voor op 200 °C en leg de kastanjes (15 tot 20 min.) op een bakplaat tot ze openspringen.
In een pan: smelt boter in een grote pan, doe de kastanjes erin en laat ze, met een deksel op de pan, op niet te hoog vuur in circa 20 min. poffen; schud ze af en toe om.
In hete as: leg de kastanjes in de hete as (niet in het vuur!) van een open haard, kampvuur of barbecue; als ze poffen zijn ze gaar. As verwijderen en pellen.

KORNOELJE EN VOSSENBES

Om de rode bessen van de gele kornoelje ofwel roodbeskornoelje te bemachtigen, moet je in februari opletten waar de struiken staan. Dat is het enige moment in het jaar dat de gele kornoelje opvalt, want dan bloeit ze, en produceert ze heel veel prachtige gele bloempjes op kaal hout. De vroege bloei maakt haar aantrekkelijk als struik voor parkjes en wallen. Loop dus in februari regelmatig op plekken waar de groenvoorziening het voor het zeggen heeft en je zal ze zien: bescheiden gele wolken. Je kan in de verleiding komen er een tak van te plukken voor in een vaas, maar ruik er maar eens aan. Hondenpis! Leuke bloempjes voor buiten, maar de geur is niet zo geschikt voor in huis.
Ze staan overal in en bij steden en dorpen. Vanaf eind juli hangen er prachtige rode bessen aan de struik; heel onopvallend, een beetje verstopt onder de blaadjes. De bessen zien eruit als een miniatuurversie van een kruising tussen een kers en een pruim. Afgezien van de kleur zijn het net olijven. De smaak van de rijpe bessen lijkt het meest op die van cranberry's. Je kan er gelei, jam of compote van maken. De nog niet helemaal rijpe bessen zijn perfect basismateriaal voor Nederlandse olijven. Een aanrader, simpel en lekker.
De vossenbes is eigenlijk een rode bosbes. Een bes die in bossen en op de hei groeit, en net als de blauwe bosbes lid is van de heidefamilie. Hij komt in Nederland niet veel voor, maar op de Veluwe en de Sallandse Heuvelrug groeit de bes in overvloed. De blauwe bosbes komt veel meer voor. De rode bosbes is rauw iets aangenamer in de mond dan een kornoelje, maar een echt feestje is het niet. Maar net als bij de kornoelje, en veel ander wildfruit, is het na de juiste bewerking een heerlijke vrucht. De rijpe kornoeljes en vossenbessen lijken qua smaak wel wat op cranberry's: een zuurtje, een bittertje en heerlijk kruidige aroma's. Prima geschikt voor een klassieke compote.

12 MUFFINS MET VOSSENBESSEN
Verwarm de oven voor op 180 °C. Doe in een kom 130 g gebuild meel (gewone bloem is minder lekker), 120 g suiker, 4 tl (16 g) bakpoeder en 1 tl (4 g) zout. Meng deze ingrediënten. Maak een kuiltje en voeg toe: 40 ml zonnebloemolie, circa 175 g gewassen vossenbessen, 120 ml sinaasappelsap en 1 ei. Goed mengen; het mag een beetje een klonterige massa blijven. Zet papieren muffinvormpjes in de holletjes van een muffinbakvorm voor 12 muffins en vul die met een flinke juslepel beslag. Bak in 55 min. gaar. De muffins zijn het lekkerst als je ze helemaal laat afkoelen.

WILDE OLIJVEN
Maak een pekel door een liter water te koken met 100 g zout. Terwijl dit afkoelt verzamel je een schone pot vol met de wel-al-rode-maar-nog-stevige bessen van de gele kornoelje. Mochten er ook al zachte bessen zijn, houd die apart, maak daar jam of gelei mee. Maak het liefst meerdere kleine porties, want zodra een pot eenmaal open is, is de kans op bederf groot. Vul de met bessen gevulde pot(ten) tot de rand af met de koude pekel en sluit ze luchtdicht af. In de eerste 2 weken kan er een beetje melkzuurvergisting komen, je ziet dan kleine belletjes verschijnen. Gewoon laten gebeuren!

Bereidingssuggestie
Kornoeljecompote kan ook heel oer. Bak de kornoeljes met een klont roomboter in een zware pan. Voeg een scheut honing en wat schilletjes citroen toe. De kornoeljes mogen niet stukbakken, maar hun schilletje moet wel net even barsten, zodat het sap en de honing kunnen mengen. Serveren met Griekse yoghurt. Wel iets voor de ruigere eter. Zo af en toe moet je een kornoeljepitje uitspugen.

KWEEPEREN EN MISPELS

De Japanse sierkwee, ook wel dwergkwee of kweeappel genoemd, groeit in het wild op de Japanse eilanden Hunshu en Kyushu. De Nederlandse arts Philipp Franz von Siebold (1796-1866) ontdekte in Japan talloze gekweekte variëteiten van de dwergkwee en nam deze mee naar de Leidse Hortus, en er is intussen veel mee gekweekt. Zo zijn er lage en hoogopgaande struiken, vroeg- en laatbloeiers, en variëteiten met bloemkleuren van wit tot dieprood. De sierkwee heeft takdoorns en bloeit in het voorjaar voordat het blad verschijnt. Na de bloei vormt de Japanse sierkwee gele of geelbruine vruchten van 2 à 5 cm groot. De vruchten van alle sierkweeën zijn eetbaar en geuren heerlijk. Je kan ze op redelijk wat plekken vinden; zo is de sierstruik veelvuldig in parken en in plantsoenen van nieuwbouwwijken aangeplant.

De kweepeer komt oorspronkelijk alleen voor in Iran, Armenië, Azerbeidzjan en Georgië, maar de struik is in de loop van de tijd door de mens ook veel in Zuid-Europa aangeplant. Bij veel Nederlandse boerderijen stond vroeger ook vaak een kweepeer. In steden is de kweepeer zeldzaam; je vindt hem wel eens in parken en op begraafplaatsen.

De kweepeer bloeit begin juni en de gele vruchten (tot 5 cm in doorsnee) zijn rijp in september-oktober. Rijp wil niet zeggen dat je er een hap uit kan nemen. Zowel de vruchten van Japanse sierkwee als de kweepeer zijn rauw keihard en het vruchtvlees is zuur. De vruchten zijn rijk aan pectine en suiker en daarom erg geschikt voor het maken van compotes, jams, gelei en marmelades.

De mispel, die wel zes meter hoog kan worden, is inheems in het oosten van Nederland en wordt in steden sporadisch in (heem)parken en pluktuinen aangeplant. De struik heeft gedoornde en viltige takken, vrijwel geen steel, en de bladeren zijn lichtbehaard. De kleine, harde, bruine vruchten (bomvol vitamine C!) zijn rijp in oktober, maar ze zijn dan nog melig en wrang. Pas na de eerste nachtvorst zijn de mispels eetbaar.

De bloemen van zowel de sierkwee, kweepeer als mispel zijn eetbaar.

GELEI VAN JAPANSE DWERGKWEEPEER

Pluk 1 kg Japanse dwergkweeperen, spoel ze af met koud water, snij ze in vieren, verwijder de meeste pitten. Zet ze op met 500 ml water en laat ruim een halfuur pruttelen. Stort de massa in een zeef die je bekleedt met een dunne en goed uitgespoelde theedoek. Laat ongeveer 5 uur uitlekken.

Meet hoeveel sap je hebt, en breng dat aan de kook, voeg suiker en pectine toe. Pectine is te koop bij de natuurwinkel. Voor 750 ml sap voeg je 300 ml suiker en 1 pakje Marmello (pectine) toe. Lees de gebruiksaanwijzing van de pectine. Even opkoken en in gesteriliseerde potjes doen. Nu heb je een voorraadje wilde gelei met citrustonen, voor bij winterse wildgerechten of een blokje kaas.

ZOETZURE MISPELS

Pluk ongeveer 50 mispels (ook als ze nog niet de nachtvorst hebben getrotseerd) en zet 8 tot 10 afsluitbare en goed schoongemaakte glazen potten klaar. Giet 6 dl wittewijnazijn in een grote steelpan en verwarm dit ca. 5 min. met 300 g suiker en een verkruimeld kaneelstokje. Doe in iedere pot 5 à 6 mispels samen met 2 kruidnagels en voeg vervolgens de kokende azijn toe.

Vul de potten tot aan de rand, sluit ze af en zet ze op hun kop. Laat afkoelen en zet weg op een donkere plaats. Na drie maanden zijn de mispels verrukkelijk bij lamsvlees, een stoofschotel of stamppot.

TUINSLAKKEN

Of je nu over een (moes)tuin beschikt of niet, iedereen is ermee bekend: de vraatzuchtige tuinslak. Een slijmerig diertje dat te kampen heeft met een slecht imago omdat ze de door ons zo geliefde bloemen en geteelde groenten zonder pardon opvreten.
De tuinslakken behoren tot de landslakken, die een heel ander leven leiden dan hun familieleden in de zee: de zeeslakken. Daarvan is de alikruik, die ook in dit boek voorkomt, een voorbeeld. Deze slakken hebben kieuwen, terwijl de landslakken longen hebben. De landslakken worden weer onderverdeeld in twee groepen: de huisjesslak en de naaktslak. Deze laatste soort richt de meeste schade aan in onze tuin. Tal van dieren doen hun uiterste best om de slakken in de tuinen en parken te bestrijden. Egels, zanglijsters, muizen en mollen zijn er dol op. Maar er valt haast niet tegenop te vreten. Dus, *if you can't beat them, eat them!* Het klinkt misschien vreemd, maar slakken behoren tot het voedsel van de toekomst. Ze zijn calorie-arm, zitten bomvol calcium, eiwit, ijzer en mineralen en ze worden gratis en voor niets gekweekt door moeder natuur. Zonder deze te belasten. Ideaal.
De segrijnslak is de meest gegeten slak uit ons stedelijk groen en wordt geprezen om zijn smaak. Hij is minstens zo lekker als de wijngaardslak. In Nederland geniet de wijngaardslak wettelijke bescherming, dus die moet je sowieso aan je voorbij laten glibberen. De veel kleinere tuinslak met z'n gestreepte huis is overigens ook goed eetbaar.
Slakken oogst je het makkelijkst na een fikse regenbui. Dan komen ze massaal tevoorschijn. Vaak zitten ze op muren, achter klimop of aan de onderzijde van bladeren of bloempotten en ze zijn gemakkelijk te herkennen aan hun bolle, gelige huisje met vijf donkere spiraalbanden; dat is de grijze (segrijnslak) of tuinslak. Als je ze hebt verzameld zet je de slakken voor vijf dagen op een dieet van verse kruiden, bijvoorbeeld munt en tijm. Net wat je zelf lekker vindt. Aansluitend moeten de slakken nog een dag of vier vasten ('verschonen'). Net zolang tot ze geen ontlasting meer hebben. Dan zijn ze ontgift en klaar voor de pan.

VAN LEVENDE SLAK NAAR MALS VLEES

Controleer de slakken; dode exemplaren herken je direct, slakken met een mooi dicht afdekschildje zijn levend. Twijfelgevallen op een lichte, warme plaats zetten; de slakken die niet gaan bewegen zijn dood; gooi die weg.
Kook de slakken 6 min. in heel ruim water met zout. Het moet blijven koken als je de slakken erin gooit, dat lukt met 10 keer zoveel water als slak. De kook erop houden is belangrijk; de slak is dan meteen dood en de spier waarmee de slak aan het huisje zit laat goed los. Daarna afgieten en afspoelen. De slakken al dan niet uit hun huisje halen. Dit ontschalen doe je met een cocktailvorkje; als een wokkel draai je de slak uit het huisje. De slak veert weer terug in vorm als hij helemaal uit het huisje is. Beeldschoon!
Nu kan je het ontschaalde vlees of de slak inclusief huisje garen. Gaar ze 90 minuten in een krachtige bouillon, bijvoorbeeld de funghi porcini-bouillontabletten van Star, op circa 80 °C. Daarna meteen afgieten. De slakken zijn nu klaar voor gebruik.

SLAKKEN IN KRUIDENSPAGHETTI

(voor 3 personen)
Kook 250 g spaghetti gaar in zout water. Afgieten en met deksel op de pan wegzetten. Bak een geperste teen knoflook in een scheut olijfolie; niet bruin laten worden. Voeg ook een flinke klont boter, een snuf zout en 150 g gegaarde slakken toe. Laat de slakken langzaam warm worden. Voeg 25 g gehakte jonge kraai- of bieslook toe, roeren en de spaghetti toevoegen. Serveren met Parmezaanse kaas en een groene salade.

SCHELPEN

Schelpen kan je op de markt of in de viswinkel kopen, maar je kan ze ook rapen langs de kust. Een uitstapje van de stad naar het strand: lekker uitwaaien en schelpen verzamelen ontspant de mens.
En direct na de schelpenjacht de oogst in de keuken of op het strand bereiden, geeft een grote mate van voldoening en geluk.
Messen, zoals de Amerikaanse zwaardschede, leven ingegraven in het zand en slib. Voor deze delicatesse kun je het beste naar het strand gaan bij extreem laag water of na een fikse storm. Messen graven zich tot 30 cm diep in en alleen een grote uitstroomopening in het zand verraadt het dier. Door tafelzout in het gaatje te gieten, schiet de zwaardschede omhoog en zodat je hem kan pakken. Verser kan het niet.
Alikruiken zijn kleine slakken die halverwege de hoog- en laagwaterlijn op vaste ondergrond leven. Zoek dus naar deze slakjes (maximaal 4 cm) op steenglooiingen, basaltblokken en houten palen.
Kokkels leven zo'n 5 cm diep in het zand. Om ze te verzamelen kan je het beste bij laag water met je hand of een klein harkje in het zand woelen. Ze kunnen 6 cm groot worden, maar zijn doorgaans iets kleiner en je moet dus wel even zoeken.
Oesters, zoals de Japanse oester (soms wel 23 cm groot), kunnen zich zowel op een harde als op een zachte ondergrond hechten. Je vindt oesters vooral rond de laagwaterlijn en dieper in het water op strekdammen, golfbrekers en meerpalen.
De Japanse oester, ooit voor de consumptie ingevoerd, is bezig met een enorme opmars en verdringt daarbij de inheemse gewone oester.
De Oosterschelde en de Waddenzee lenen zich het beste voor de zoektocht, maar ook de strekdammen en golfbrekers langs de Noordzee zijn geschikte zoeklocaties.
Controleer voordat je naar het strand gaat de getijdenkalender, zodat je weet wanneer het eb wordt. Ook na een fikse storm is het strand interessant, omdat dan soorten – zoals messen – aanspoelen die anders niet zo gemakkelijk te vinden zijn.

MESSEN MET SPAGHETTI

Verzamel 10 à 20 scheermessen en spoel en was ze goed; er kan veel zand in zitten. Let er goed op dat ze zich sluiten als je er een tikje op geeft; gooi de messen weg die dat niet doen. Verhit wat raap- of olijfolie en doe de scheermessen in de pan. Haal ze uit de pan als ze openspringen. Verwijder de schelpen en spoel ze in een vergiet af met koud water. Kook spaghetti beetgaar en zet weg. Fruit in een wok met olijfolie, een gesnipperde sjalot, 2 teentjes knoflook uit de knijper en 1 fijngesneden rode paprika. Voeg de messen toe en verwarm kort; giet de spaghetti af en voeg toe. Serveer met fijngesneden peterselie.

GEKOOKTE ALIKRUIKEN

Spoel en was de alikruiken goed schoon. Gooi in kokend water wat zout of wat kruiden, zoals laurier, peperkorrels of tijm en kook hierin de slakken (maximaal 5 min.). Verwijder hierna het sluitklepje van het huisje en haal de slakken met en kromme naald uit hun huisjes. Lekker met citroenmayonaise en een jonge jenever.

KOKKELS NATUREL

Laat de kokkels 2 uur in een emmer met zeewater staan (of koud kraanwater met zout) zodat de schelpen het zand uit hun schelp kunnen spuwen. Herhaal dit een paar keer en zet de kokkels daarna weg in een vergiet. Verhit olie in een brede pan (wok) en fruit daarin 1 gesnipperde ui en wat geperste teentjes knoflook. Voeg de kokkels toe en verhit op hoog vuur. Schep af en toe door; als de schelpen openspringen zijn ze gaar. Blus naar wens af met wat bier (oudbruin) of witte wijn. Eet met wat fijngesneden peterselie, een stuk brood of spaghetti.

AMERIKAANSE RIVIERKREEFT

Sinds de jaren tachtig worden steeds meer zoetwaterkreeften gezien in de stadse binnenwateren. Meestal gaat het om de gevlekte en de rode Amerikaanse rivierkreeft. Door de sterke opmars van deze exoten wordt onze inheemse kreeft, de Europese rivierkreeft, bedreigd. Hij staat zelfs op het punt van uitsterven. De Amerikaanse soorten dragen namelijk een schimmel bij zich waartegen de Europese soort niet is opgewassen. Ook vreten de nogal hongerige Amerikaanse soorten de sloten kaal, waardoor planten en ander leven verdwijnen. Al met al sloopzuchtige types.
De exotische rivierkreeften zijn hier niet op eigen kracht gekomen. Oorspronkelijk komt de gevlekte Amerikaanse rivierkreeft uit het oostelijk deel van Noord-Amerika. Deze soort is in 1890 uitgezet bij de Duits-Poolse grens en daarvandaan aan zijn opmars in Europa begonnen. De rode Amerikaanse rivierkreeft, in Europa voor het eerst uitgezet in Spanje in 1973, heeft zijn gevlekte broer enigszins verdrongen en tegenwoordig vinden we deze soort in een groot aantal wateren in de steden.
In Amsterdam leeft hij zelfs in de grachten. Als het heel hard regent trekken de rode Amerikaanse rivierkreeften massaal over land, op zoek naar nieuw leefgebied. Dit gebeurt vooral in de maanden september en oktober. Een vreemd spektakel, maar ook een uitgelezen kans om een aantal kreeften van de straat te plukken. Mocht je ze nooit op straat aantreffen, dan kun je ze natuurlijk ook uit het water halen. Dat vraagt om de nodige inzet – het mag namelijk alleen met een hengel en een benodigde VISpas (zie zie onder 'Regels en tips', pagina 16) – maar de beloning is groot en smakelijk. En het is best leuk om te doen. In plaats van een haak gebruik je een knijper met daaraan een stukje worst. De kreeften zullen snel toehappen en blijven met toegeknepen schaar aan de worst hangen. Bovendien bewijs je de natuur een dienst, want wij mensen zijn de enige natuurlijke vijand van deze exoot. De grootste vangkans heb je in stil of langzaam stromend water, zoals in sloten of grachten. In heel Nederland leven naar schatting honderdduizenden kreeften, dus je maakt grote kans op een goede vangst.

KREEFTJES KOKEN

Kook de levende rivierkreeftjes in ruim water. Doe niet te veel beesten in één keer in de pan, want dan koelt het water af. Haal de pan zodra het water weer kookt van het vuur en laat de kreeftjes enkele minuten nagaren. Te lang koken geeft taai vlees. Gepelde kreeften zien eruit als een grote garnaal en zo smaken ze ook.

BISQUE VAN KREEFT

Verzamel 1 kg kreeft en kook deze 2 min. in 1,5 l water. Haal de kreeft uit de pan (kooknat bewaren), laat afkoelen en hak stukken van 2 à 3 cm. (Bewaar enkele grotere exemplaren om te pellen en het vlees ervan voor het serveren aan de bisque toe te voegen.) Fruit in olie: 1 gesnipperde ui, 1 sjalot, gesneden venkelknol, 2 teentjes knoflook, 250 g gepelde tomaten en 1 grofgehakte rode peper. Doe de kreeft in de pan met een fikse scheut cognac en kook kort. Giet 1,5 dl witte wijn en het kooknat erbij, laat 45 min. zachtjes pruttelen en maal het mengsel met een staafmixer fijn. Giet de soep door een bolzeef en druk er zo veel mogelijk vocht uit. Breng het vocht in de pan opnieuw aan de kook. Roer er 1 dl kookroom door en breng op smaak met cayennepeper, paprikapoeder, zout, versgemalen zwarte peper en wat druppels cognac. Voeg naar wens gegaarde kreeft of mootjes vis toe. Laat alles doorwarmen en de vis garen.

RIVIERKREEFTJES IN EEN EI

Tik de kop van een ganzenei, giet wat eiwit weg en doop wat gekookte en gepelde rivierkreeftjes in het eigeel. Zet op een bedje van zout in een hete oven, na 12 min. is het eigeel net gestold. Serveer als borrelhap.

KRAB

De Chinese wolhandkrab, de naam zegt het al, herken je aan zijn twee grote, behaarde schaarpoten. Die kunnen zeer krachtig knijpen en als de scharen eenmaal je hand of vinger vast hebben laten ze die niet meer los. Pas dus op!
Deze krab komt in Nederland voor sinds 1929 en we zien hem vooral tijdens de paringstrek, als hij zich verplaatst naar de zee of de monding van rivieren of kanalen om zich in zout water voort te planten. In september en oktober komen ze 's nachts massaal in beweging en soms zie je er dan tientallen over straat lopen. Als ze obstakels tegenkomen, zoals sluisdeuren, gemalen of dammen, klimmen ze uit het water en trekken ze verder over land tot ze weer verder stroomopwaarts kunnen trekken. Als de jonge krabbetjes zo'n drie millimeter groot zijn, trekken ze naar het zoete water om op te groeien. Na ongeveer drie jaar trekken ook zij weer naar zee om te paren. De krabben leven vooral in diep water en in de stad zijn dat de grote kanalen en grachten. Overdag verblijven ze in zelfgemaakte holen in de oevers en 's nachts gaan ze op zoek naar voedsel. Dit is het beste moment om naar krabben te zoeken. Als het water helder is, kan je ze ontdekken door met een krachtige zaklamp in het water te schijnen. Een krab vangen met een net of een fuik is echter niet toegestaan, want de Chinese wolhandkrab valt onder de Visserijwet. Vreemd genoeg mag je hem wel van de straat rapen. Maar je kan natuurlijk ook een deal sluiten met een beroepsvisser.

Strand- en gewone zwemkrabben mag je als particulier wel vangen en deze zijn aan de kust volop te vinden. Met een stuk touw en een opengesneden mossel of ander aas tussen een knijper geklemd is het bij eb goed vissen op krabben. Havens, strekdammen en golfbrekers zijn goede vanglocaties. Strand- en zwemkrabben hebben nauwelijks vlees, maar je kan er heerlijke soep van maken. Chinese wolhandkrabben worden door hun formaat en voortreffelijke smaak culinair wel hoog aangeslagen.
Ze worden zelfs vanuit Nederland weer geëxporteerd naar China!

KERRIEKRAB

Neem 6 grote wolhandkrabben en kook ze 20 min. in water met zout. Haal de krabben uit de pan, laat ze afkoelen en neem het vlees (wit) en de romige delen (bruinig) uit de krab en leg apart. Maak de schilden schoon. Meng het vlees met 1 dl kokosmelk en 3 dl kerriesaus. Voor de kerriesaus: fruit 1 gesnipperd uitje in 12,5 g boter en voeg 2 tl kerriepoeder toe. Voeg 12,5 g bloem toe en bak de bloem 1 min. mee. Voeg dan beetje bij beetje 3 dl melk toe en blijf roeren. Warm de saus nu langzaam op, blijf regelmatig roeren. Voeg naar smaak extra kerriepoeder toe en een snufje zout of peper. Pureer met een staafmixer de romige delen van de krab en meng deze met 50 g boter. Voeg dit toe aan het krabvlees. Schep het geheel in de schilden en serveer met toast en mayonaise.

KRAB EN AARDAPPELEN UIT DE OVEN

Neem 10 grote wolhandkrabben en kook ze 20 min. in water met zout. Neem de krabben uit de pan, laat afkoelen en neem het vlees (wit) uit de krab en de scharen en leg apart. Schil ca. 500 g aardappelen, dep ze droog en snij in plakken van circa 1 cm en bestrooi deze met zout, gemalen zwarte peper en 1 tl paprikapoeder. Beboter een ovenschotel en leg de helft van de aardappelen op de bodem en dek deze laag af met het krabbenvlees. Bestrooi met verse peterselie, bieslook en dille en bedek met de resterende aardappelen. Leg hier en daar een klontje boter en zet ongeveer 20 min. in een voorverwarmde oven (150 °C) totdat de aardappelen gaar zijn. Geef er botersla bij.

HARDER

Harder vind je niet heel erg vaak bij de visboer (laat staan in de supermarkt), en ook staat deze vis helaas zelden op de kaart in restaurants, maar dat is niet terecht. De smaak van deze vis wordt ook wel vergeleken met die van de zalm en de harder wordt om die reden ook wel de witte zalm genoemd. Deze vis leeft in zee, maar in de zomermaanden kan je hem ook in Noord- en Zuid-Holland vinden, want begin april trekken de harders – soms in grote scholen – tot twintig kilometer landinwaarts. In de zomermaanden leven ze in kanalen en havens die min of meer in verbinding staan met de zee. Hier grazen de harders de algen en wieren van de stenen, beschoeiing en dukdalven. Ze zwemmen dan in kleine schooltjes dicht aan het oppervlak en bij de oever.
Doordat de vis algen eet, vang je hem moeilijk met de hengel, maar een drijvende broodkorst waar je listig je haak in verstopt kan soms voor succes zorgen. Deze vissen kunnen 90 cm groot worden en 5 kilo wegen, dus pas je hengels en snoeren aan. Natuurlijk kan je ook een plaatselijke beroepsvisser vragen een harder voor je apart te houden.
Als je besluit zelf een lijntje uit te gooien, kan je twee soorten harders aan de haak krijgen: de diklip- en de dunlipharder. Zoals de naam doet vermoeden, kan je ze op basis van hun lippen onderscheiden. De diklip heeft volle lippen met wratachtige bobbeltjes; soms heeft hij gouden vlekjes op zijn kieuw. De dunlip heeft een dunne lip en een zwarte vlek aan de basis van de borstvinnen. Ook zijn de borstvinnen korter dan die van de diklipharder. Eigenlijk maakt het allemaal niet veel uit.

Beide vissen smaken voortreffelijk en doen qua smaak niet voor elkaar onder. Je kan de vis bakken, pocheren, garen op de barbecue en je kan hem zelfs in dunne plakjes kort marineren in citroensap en als ceviche serveren.

HARDER MET AARDAPPELEN

Neem een grote harder, verwijder ingewanden en ontdoe de vis van kop en schubben, was en dep droog. Maak enkele inkervingen en wrijf goed in met zout en zwarte peper en besprenkel met citroensap. Leg de vis in een beboterde braadslee. Schil aardappelen, snij in plakjes en leg die bestrooid met zout en zwarte peper op de vis. Besprenkel met olijfolie en bestrooi het geheel met fijngesneden verse dille, peterselie en tijm. Zet de braadslee afgedekt met aluminiumfolie in een voorverwarmde oven (180°C). De vis is na circa 20 min. gaar. Serveer met botersla.

HARDER MET PESTO

Fileer een grote harder en wrijf de filets in met zout, versgemalen peper en wat citroensap en laat 10 min. rusten. Pureer met een staafmixer of in een blender 30 g peterselie, 1 teentje knoflook, 25 g blanke amandelen of pijnboompitten, 25 g oude kaas en 75 ml olijfolie tot een gladde pesto; voeg zout en peper naar smaak toe. Wentel de filets in (volkoren)meel en bak in 6-8 min. in een koekenpan op een laag vuur voorzichtig net gaar. Leg de gebakken harderfilets op warme borden en druppel de pesto eromheen. Lekker met een kruimige aardappel en tuinbonen.

Bereidingssuggestie

Serveer bij de andijviestamppot eens een moot harder: de vette vis is een uitstekende vervanger van de gebruikelijke rookworst.

WINTER

ZEEKRAAL

Tenzij je woonachtig bent in het Waddengebied of in Zeeland, moet je voor deze soort even de nodige kilometers maken. Deze plant groeit namelijk alleen in zoute, kwelderachtige gebieden. Eenmaal gevonden, is de moeite absoluut niet voor niets geweest. Zeekraal is namelijk in vele opzichten een soort wonderplant. Het is niet alleen een heel smakelijke groente die boordevol gezonde voedingsstoffen zit, de plant heeft zelfs een geneeskrachtige werking.
In groenten uit de zee zitten veel zeemineralen, zoals jodium. Zo ook in zeekraal. Dit natuurlijke jodium is veel gezonder dan synthetisch jodium, dat je vaak aantreft in je potje keukenzout. Dat potje kan je dan ook rustig links laten liggen als je zeekraal in een gerecht gebruikt. Ook je voedingssupplementen kan je laten staan wanneer je regelmatig zeekraal eet. Zo zit er vitamine A, B, C, natrium, kalium, magnesium, calcium, fosfor, ijzer, zink en mangaan in zeekraal. Uit onderzoek is zelfs gebleken dat er stoffen in voorkomen die verschillende soorten kanker kunnen bestrijden en voorkomen. Daarnaast zou het leverbeschadiging tegengaan bij diabetici en heeft het door de hoge concentratie aan antioxidanten een sterke ontstekingsremmende werking. Kortom, zeekraal behoort absoluut tot de categorie superfoods!
In Nederland komen drie soorten zeekraal voor: eenbloemig, kortarig, en langarig zeekraal. Kortarig zeekraal wordt het meest gegeten. De planten zijn compact en hebben vlezige stengels en bladeren die doen denken aan vetplanten. Zeekraal is bovendien heel gemakkelijk te bereiden. Je kan de plant namelijk gewoon rauw eten, of als je daar de voorkeur aan geeft even kort blancheren. Om de hiervoor genoemde voedingswaarden te behouden is het beter om zeekraal rauw te eten.

STAMPPOTJE ZEEKRAAL

Zeekraal kan je tegenwoordig steeds vaker bij de betere groenteboer en supermarkt kopen, maar je kan het ook zelf plukken. Let er wel op dat je takjes met een houtige onderkant afsnijdt. Voor dit recept heb je 250 g 'schone' zeekraal nodig.

Kook 1 kg kruimige aardappelen zonder zout; de zeekraal is zout genoeg. Was de zeekraal en hak de plantjes in stukjes van ongeveer 1 cm lang. Doe 100 g boter in een pan met een dikke bodem. De boter moet smelten, maar absoluut niet bruisen. Smoor hierin de gehakte zeekraal 5 min. heel zachtjes met de deksel op de pan. Stamp de gare aardappelen en schep de gesmoorde zeekraal erdoor, maak smeuïg met een scheut volle melk. Proef voor de zekerheid toch nog op zout.

Lekker met een mooie damhertenbiefstuk en een kuiltje jus.

Bereidingssuggestie

De knapperige zoute steeltjes van de zeekraal zijn een uitstekende toevoeging aan een frisse groene salade.

In Aziatische wokgerechten komt zeekraal helemaal tot zijn recht. Een simpele wokschotel met zeekraal, groene peper, blokjes kipfilet en mihoen is heerlijk.

Zeekraal is door het hoge zoutgehalte meer een kruid dan een groente. In combinatie met boter of mooie olie heeft zeekraal bijna dezelfde smaakkwaliteit als een spekblokje!

Een aanrader: vissoep met Noordzeevissen en een handje fijngehakte zeekraal!

WEEGBREE

In ons land komen drie soorten weegbree voor; de grote, de ruige en de smalle weegbree. De laatste is het lekkerst. De smalle weegbree is een zeer algemene soort in Nederland en in de rest van de wereld.
De van oorsprong Europese soort heeft zich in de zestiende eeuw met ontdekkingsreizigers over de hele wereld verspreid. Amerikaanse indianen noemen de plant dan ook '*white man's footstep*'. De smalle weegbree is een vorstbestendige vaste plant. De bloei is van april tot oktober. Per rozet is er een bloemstengel met een aar in de top. De bloemstengel is gegroefd en aan de aar verschijnen piepkleine witte bloemetjes. Smalle weegbree heeft lange, smalle bladeren die groeien in een bladrozet.
De nog kleine blaadjes lijken een beetje op een bosje hazenoortjes. Ze zijn heerlijk mals en kruidig van smaak, vooral in de winter. Als je zo'n blaadje met je ogen dicht proeft doet de smaak denken aan die van rauwe champignons.
Behalve lekker is de smalle weegbree ook geneeskrachtig. Alle weegbreesoorten hebben medicinale kwaliteiten, waarvan de bekendste is: het tegengaan van jeuk. Als je bent gestoken door een brandnetel kan je de jeuk sterk verminderen door een blad van een weegbree te kneuzen en fijn te wrijven op de pijnlijke plek. Een sterke thee van de bladeren met wat honing is een perfecte hoestsiroop, door de slijmoplossende en helende werking van de plant.
De grote weegbree heeft een iets andere verschijningsvorm. De bladeren zijn rond, zien er 'vlezig' uit en hebben een dikke steel. De bloeiwijze van de grote weegbree is zeer onopvallend: een groene aar op een gladde steel uit het bladrozet. Als de aar bloeit, verschijnen er wat bruinige haartjes. De bladeren zijn eetbaar, maar ook best taai voor culinaire toepassingen.
De ruige weegbree lijkt op de grote weegbree, maar is veel sterker behaard, en de aar is lila-roze. Deze soort staat op de rode lijst omdat de plant zeer zeldzaam is, dus plukken en eten zijn verboden.

WILDE WINTERSALADE VAN LICHT BITTERE BLAADJES
(voor 2 personen)
Verzamel een handvol jonge blaadjes van de smalle weegbree, was en slinger droog. Schil 2 bloedsinaasappels, snij het vruchtvlees tussen de vliezen uit en vang het sap op. Doe de stukjes vruchtvlees met de blaadjes in een slakom. Brokkel er 75 g zachte geitenkaas boven. Doe het vrijgekomen sinaasappelsap in een glaasje en roer hier 2 tl honing, een snuf zout en 1 el walnotenolie door. Giet de dressing over de sla en garneer met geroosterde walnoten.

WITTE BONEN MET SMALLE WEEGBREE
Pluk 20 g kraailook (zie pagina 30). Aan het begin van het seizoen (januari-februari) heeft kraailook het meest weg van bieslook; de blaadjes zijn nog jong en heel mals. Pluk 5 g mooie jonge blaadjes uit het hart van de smalle weegbree. Alles goed wassen en fijnsnijden. Spoel witte bonen uit een pot van 350 g af met lauw water; goed laten uitlekken. Meng er de fijngesneden kruiden door. Maak een dressing van een kneep citroen, een beetje zout en een flinke scheut olijfolie; meng door de bonen. Maak per persoon een bordje met een knapperig blad sla gevuld met de bonen en besprenkel met extra dressing.

VELDKERS EN VELDGIDS

Veldkers is de naam voor een groep kleine planten uit de koolfamilie. De bekendste zijn de kleine veldkers, bosveldkers en de pinksterbloem. De geur van de blaadjes uit deze familie komt overeen met de geur van de welbekende tuinkers. Veldkers vind je bijna overal, in bossen, in ruige graslanden, op zand, op klei en op veen. De kleine veldkers en de bosveldkers komen zeer algemeen voor in heel Nederland. De planten zijn van elkaar te onderscheiden door piepkleine verschillen in de vorm van de blaadjes. Niet dat dit onderscheid echt belangrijk is. Beide soorten zijn eetbaar en zeer goed van smaak. De bladrozetten zijn het grootst en het meest mals in de winter, de perfecte wilde wintergroente dus.

Als je wel precies wilt weten welke soort je in handen hebt, hoe pak je dat aan? Men neme een veldgids! Je hebt kleintjes in zakformaat met veel foto's en weinig tekst. En je hebt dikke zonder foto's, maar wel met honderden priegelige tekeningetjes. Deze zijn voor gevorderden, maar ook door een beginner te gebruiken. Zoek in de index het hoofdstukje met de tekeningetjes van jouw plant en al zijn neefjes en nichtjes. Probeer het eens met de *Veldgids Nederlandse flora* van Henk Eggelte. Daarin leer je dat de Nederlandse natuur meer dan honderd wilde koolsoorten telt.

De planten die binnen de koolfamilie het meest op veldkers lijken, zitten samen in een subgroep: de *Cardamine*, die over de hele wereld voorkomt. Een Siberische plant uit deze groep is in Nederland een geliefde aquariumplant: de *Cardamine lyrata*. En ook die is eetbaar! Wel even de vissenpoep eraf spoelen.

LUXE WINTERSALADE MET BOSVELDKERS

(voor 2 personen)
Pluk in de buurt van wat ruige bosjes 5 à 6 rozetten van de bosveldkers. Snij de mooie blaadjes los en was grondig, slinger droog en zet weg. Was de blaadjes van 2 stronken roodlof, slinger droog en leg in bloemvorm op een bord. Drapeer hierop de bosveldkers en versier met het vruchtvlees van een grapefruit. Schil hiertoe de grapefruit en snij de partjes los van de vliesjes. Serveer met een dressing van 1 el hazelnootolie, 1 tl frambozenazijn en een snuf zout. De roodlof, hazelnootolie en frambozenazijn geven deze eenvoudige salade een super-de-luxe uitstraling en smaak!
Heerlijk met aardappelpuree en wildstoof.

BIJNA-STAMPPOT VAN VELDKERS

Pluk een halve vergiet mooie rozetten van de kleine veldkers. Deze kunnen piepklein zijn, maar ook zo'n 25 cm hoog; zoek bij voorkeur even naar een plek met grotere rozetten. Verwijder thuis de lelijke blaadjes en was de overgebleven blaadjes goed. Ondertussen een pan kruimige aardappelen opzetten voor een aardappelpuree.
Hak de veldkers grof, neem de aardappelen van het vuur. Stamp de aardappelen met volle melk en roomboter, naar smaak zout en versgeraspte nootmuskaat. Bestrooi met de gehakte veldkers; doe de deksel niet meer op de pan, want veldkers verliest zijn smaak bij verhitting.

Bereidingssuggestie

Veldkers doet het goed op een eiersalade, maar fleurt ook een boterham met kaas helemaal op.

KARPER

Vissen op karper is hip, maar de vis wordt in Nederland zelden gegeten, en dat is jammer. De karper zwemt volop in het stadswater. Vaak zie je ze in mei-juli in grote groepen paaien in ondiep water. Met veel geklots worden de eitjes in lange strengen rondom objecten of waterplanten afgezet.
De karper is opgenomen in de Visserijwet, maar zonder beperking van de visperiode en zonder minimummaat. De klassieke manier om een karper te vangen is met een stukje gekookte aardappel, een stukje witbrood of deegballetjes (bolies) van eigen recept aan de haak. Ook kan je langs sloten struinen met gekookte maïskorrels als aas. Een karper is geen vis die zich makkelijk laat binnenhalen als je hem eenmaal aan de haak hebt.
Wil je je de moeite besparen, sluit dan een deal met een beroepsvisser, die de karpers met fuiken of netten vangt. Of koop een gekweekte karper op de markt of bij de visboer.
Door eeuwenlange veredeling zijn er verschillende soorten kweekkarpers ontstaan. Zo zijn er spiegelkarpers die weinig schubben hebben en lederkarpers die helemaal schubloos zijn. Karpers worden veel gegeten in Oost-Europa. Zo is het een eeuwenoude traditie in Polen en Tsjechië om op kerstavond gebakken of gekookte karper te serveren. Bij waterbeheerders is de karper niet zo geliefd. De vis zoekt op de bodem naar voedsel met zijn bekdraden en maakt met al dat gewoel het water troebel, wat plantengroei bemoeilijkt en de waterkwaliteit verslechtert. Om de 'verkarpering' tegen te gaan enkele recepten.

POOLSE KARPER
Maak de karper schoon, verwijder ingewanden en schubben, was en droog de vis. Wanneer de karper nog naar modder ruikt, leg hem dan een paar uur in water met azijn. Doe in een ruime pan (de vis moet er in z'n geheel in passen) een in blokjes gesneden knolselderij, een winterpeen, 3 gesnipperde uien, wat peperkorrels en kruidnagels, een laurierblad en geraspte citroenschil. Schenk er 1 dl azijn, 1 dl bruin bier en 1 dl water bij. Laat het geheel 15 min. zacht koken. Leg de karper op de groenten in de pan met 2 sneetjes verkruimeld roggebrood of ontbijtkoek, een glas witte wijn, klontje boter, 1 tl gemberpoeder, wat kappertjes en schijfjes citroen. Laat de vis met de deksel op de pan 20 min. zachtjes koken.

GEBAKKEN KARPER
Maak de karper schoon en ontdoe van ingewanden en schubben; was de vis nogmaals en dep droog. Snij in dunne moten, bestrooi met zout en peper en haal de moten door de bloem. Klop een ei los en verdun dit met een beetje water, haal de moten door het ei en vervolgens door paneermeel. Bak in hete roomboter aan twee kanten gaar. Opdienen met schijfjes citroen.

GEBAKKEN KARPER MET MIERIKSWORTEL
Maak de vis schoon, verwijder ingewanden en schubben, spoel af en dep droog. Snij zes tenen knoflook zeer fijn, meng dit met 1 tl zout en wrijf daarmee het visvlees in. Zet een nacht in de koelkast. Meng 1 el bloem met wat paprikapoeder. Verwijder de knoflook, dep de vis droog en wentel door de bloem. Bak de karper met een gesnipperde ui en 3 el mierikswortel in hete olie aan beide kanten mooi bruin.

DAMHERT

Het damhert is het hert dat we kennen uit hertenkampen, maar leeft hier ook in het wild. Het is kleiner dan een edelhert en groter dan een ree, de twee andere leden van de hertenfamilie die in ons land voorkomen. Damherten werden door het natuurgeweld in de laatste ijstijd verdreven uit onze streken, maar de Romeinen herintroduceerden ze in Europa. Ze namen ze mee uit Klein-Azië, waar de nazaten van de verdreven Europese damherten nog in het wild leefden. Damherten zijn mooie en vrij makkelijke hertachtigen. Ze doen het goed in het wild maar ook in gevangenschap, en ze zijn weinig bevattelijk voor ziekten en parasieten. Reeën daarentegen kunnen alleen in het wild gedijen, want ze zijn kwetsbaarder en zitten snel onder de teken.

De beroemdste populatie damherten leeft in Noord-Holland, in de Amsterdamse Waterleidingduinen bij Overveen. Eind vorige eeuw kwamen daar veel reeën voor en een paar uit hertenkampen ontsnapte damherten. De reeënstand werd beheerd door jagers die er en passant voor zorgden dat de damhertenpopulatie klein bleef.

De gemeenteraad van Amsterdam verbood in de jaren negentig het jagen op zijn grondgebied. Nu krijgen damherten ieder jaar een kalfje en worden in het wild makkelijk tien jaar oud. Een onbeheerde populatie groeit dus ieder jaar met ruim de helft en inmiddels zijn er duizenden.

Na veel wildaanrijdingen kwam er een hek om de duinen, waarna veel herten stierven van de honger. Uiteindelijk is in 2016 besloten om de overpopulatie af te schieten. Ook op de Veluwe en in de provincie Zeeland leven grote populaties damherten: daar is eveneens een jachtverbod ingesteld, en ook daar is het geen succes. Al met al zo jammer, dat gedoe over het afschot. Zo'n mooi beest en zulk goed eten. Het vlees is bijzonder mals: bijna alles aan een damhert is biefstuk. Damherten moeten we vooral niet als een probleem zien, maar als een kans. Het zijn makkelijke dieren die met weinig randvoorwaarden een blij leven kunnen leiden en ook nog heerlijk smaken.

HERTENWORSTJES MET RODE UI, BLADPETERSELIE EN (SLOE)GIN

Voor de vars (worstenvulling): neem 2 kg hertenvlees (schouder- en restvlees is hier geschikt voor) en 1 kg mooie speklappen. Snij al het vlees in blokjes van 3 cm en zet koud weg. Hak 160 g rode ui en 50 g peterselie zeer fijn, doe in een grote kom, voeg 39 g zout, 9 g versgemalen peper en 7 g vadouvan toe. Meng met 3 el gin (of sloegin, dat is met sleepruimen geïnfuseerd). Voeg nu de blokjes vlees toe en meng goed, maar zorg dat het vlees koel blijft. Haal door de vleesmolen. Proef de vars door er een hamburgertje van te bakken. Eventueel kruiden toevoegen.
Deze hoeveelheid is genoeg om 4 meter darm (verkrijgbaar bij de ambachtelijke slager) te vullen.

Bereidingssuggesties

De vars bakken als hamburger, net zo lekker als er worstjes van maken!

Damhert is heerlijk op de barbecue. Let er wel op dat als je het vlees wilt marineren, je dit met beleid doet, de milde smaak van het damhertenvlees is snel overstemd. Een eenvoudige kruidenpasta van verse tuinkruiden, olijfolie, peper, zout en wat versgeperste knoflook werkt goed.

Damhertenvlees gestoofd met wat sjalotten, piment en Hoegaarden grand cru is ook heerlijk. Stoof niet te lang, het vlees is al mals van zichzelf.

HAAS EN KONIJN

Hoewel hazen en konijnen op elkaar lijken, zijn er ook heel wat verschillen. Hazen zijn groter, rennen in plaats van huppelen, en leven op het boerenland. Konijnen leven vooral in de duinen en in de stad. Dat het konijn zich thuis voelt in de stad is niet zo vreemd, want we hebben zand uit de zee naar de stad gebracht voor de aanleg van nieuwe woonwijken, spoorlijnen en wegen. Daarmee is de stad een soort duinlandschap geworden. Ze leven met twee of vier konijnen in een klein hol, onder een schuurtje, een grafsteen of een loods. Bedrijventerreinen zijn favoriet. Hazen zie je vooral aan de rand van de stad – waar de gazons lijken op weilanden – maar voor het echte hazenwerk moet je de stad uit. Daar heeft de haas geen hol maar een zogenaamd leger, maar eigenlijk kan je wel zeggen dat de haas leeft in zijn eigen jas. Van januari tot en met september planten ze zich voort en zijn er groepen 'boksende en rammelende' hazen te zien: de mannetjes vechten dan om de vrouwtjes. Soms krijgen ze wel drie keer per jaar jongen. Onder invloed van alle voortplantingsdrift pakt een haas wel eens de verkeerde afslag en komt dan op atypische hazenlocaties. Zo belandde er eens per ongeluk een haas op de Dam in Amsterdam.
Hazen en konijnen verschillen niet alleen qua uiterlijk en qua leefgebied, ze verschillen ook duidelijk van smaak. Zo is de smaak van hazenvlees veel krachtiger dan konijnenvlees. Wild konijn smaakt mild kruidig, maar is wel stevig van structuur. Het moet lang stoven voor de gewenste malsheid. Het 'hazenseizoen', de periode waarin op hazen mag worden gejaagd, loopt van half oktober tot 1 januari.

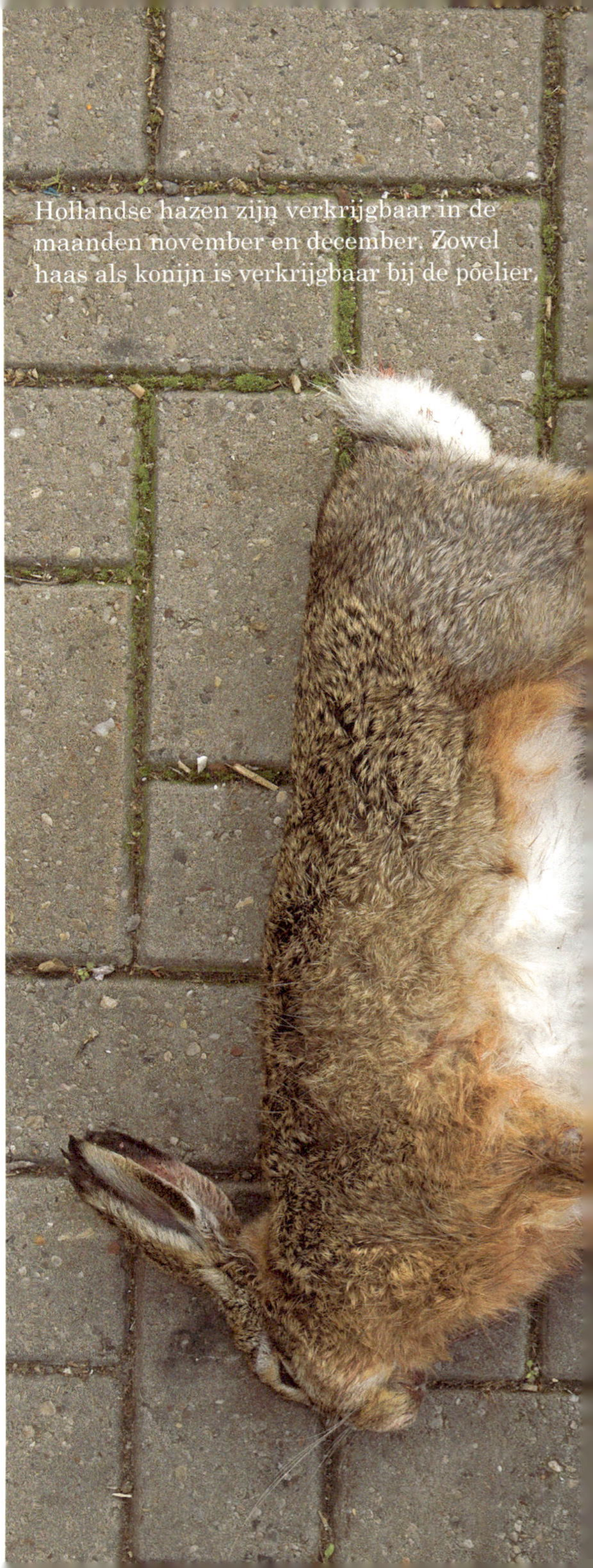

Hollandse hazen zijn verkrijgbaar in de maanden november en december. Zowel haas als konijn is verkrijgbaar bij de poelier.

TWEE KONIJNEN OF EEN HAAS

Snij van twee wilde konijnen de rugfilets uit (of vraag het de poelier); de filets kan je als biefstuk bakken en eten op dag 1. Snij nu ook de voor- en achterbouten van het karkas.

Van de karkassen maken we bouillon. Breek die in stukken en zet met 3 grofgesneden uien, 5 stengels bleekselderij, 1 wortel, 1 el gedroogde Provençaalse kruiden en een scheut witte wijn op het vuur. Aanvullen met water tot de botten net onderstaan. Laat 3 uur zacht pruttelen. Langzaam laten afkoelen.

Bestrooi de bouten met zout en peper, bak in boter in een niet te grote braadpan. Voeg 3 verse laurierbladeren, een tak rozemarijn en 9 jeneverbessen toe, en laat even meebakken. Blussen met 2 el appelazijn. Voeg 4 grote uien in partjes, een halve venkelknol en 600 à 800 ml van de konijnenbouillon toe; het vlees moet net onderstaan. Laat 2 uur heel zachtjes pruttelen.

Vuur uit en een paar uur laten afkoelen. Vlees van de botten halen, de saus zeven en flink inkoken. Breng op smaak met zout. Het vlees met de saus weer even aan de kook laten komen en dan inmaken in twee gesteriliseerde potten. Eet op dag 2 één van de potten als saus bij 600 gram met spinazie gevulde ravioli, de andere pot is in de koelkast weken houdbaar.

Dit gerecht is ook heerlijk met een haas. Hazenrug echt kort bakken, anders ontwikkelt zich een leversmaak. Gebruik in de saus witte wijn in plaats van rode en voeg een blik gepelde tomaten en een chilipepertje toe ter vervanging van de appelazijn.

DUIF

In de stad zijn twee soorten duiven vrij algemeen: de houtduif en de stadsduif. Van oorsprong is de houtduif een bosvogel, maar sinds de jaren twintig is het een van de meest voorkomende broedvogels in de stad. De witte vlek in zijn nek, de witte band op de vleugels (die goed te zien is tijdens de vlucht) en het wat corpulente lijf onderscheiden de houtduif van de stadsduif. Dat is een rank duifje dat afstamt van de niet in Nederland voorkomende rotsduif. Vaak ziet de stadsduif er een stuk ongezonder uit dan de houtduif. Hij is een beetje viezig en mist nog wel eens een deel van een poot. De houtduif ziet er meestal goed verzorgd uit en beschikt doorgaans nog over alle vlieg- en wandelonderdelen.
Van beide soorten is de spiermassa zodanig dat ze een aantrekkelijke en eiwitrijke maaltijd vormen voor mens en dier. Die spieren zijn ontwikkeld voor een snelle vlucht om aan belagers te ontkomen. Ironisch, want juist die spieren maken ze een geliefde snack.
Uiteraard is de smaak van het vlees afhankelijk van het dieet van de duif, waarbij dat van de houtduif ietsje gezonder is. Die zijn dol op zaden, bessen en al het andere voedsel dat in de stad voorhanden is. Ze zijn een graag geziene gast in de achtertuinen en worden (vooral in de winter) vaak bijgevoerd.
Hollandse duiven zijn volop verkrijgbaar vanaf het moment dat de erwtjes op het veld rijpen, begin juni, totdat in september het laatste graan van het land gaat. Ze worden in deze periode geschoten om de oogst te beschermen. Hoe meer rijpe erwten en granen de duif at, hoe zoeter zijn vlees.

HOUTDUIF (LINKS) EN STADSDUIF

DUIF MET ZURING

(lunchgerecht voor 2 personen)

Pluk 8 blaadjes veldzuring. In weides, tuinen en langs de waterkant zie je in februari vaak al prachtige bosjes van de frisgroene blaadjes staan. Maar let op, er zijn meerdere soorten zuring en ze zijn niet allemaal geschikt voor consumptie. Veldzuring is lekker mals en herkenbaar aan de 'boordpunten' onder aan het blad, aan weerszijden van de steel.

Vil 2 duiven, snij de borsten eruit, bewaar boutjes, hart en lever voor een andere bereiding. Rasp de schil van een halve biologische citroen, meng dat met 3 slagen peper uit de molen, een flinke snuf zout en 1 el sesamolie. Wrijf hier de borstjes mee in, laat even intrekken. Verwarm de oven op een milde temperatuur. Doe een flinke klont boter in de koekenpan, bak het vlees rosé op hoog vuur. Neem het vlees uit de pan, plaats in de lauwe oven; wel warm houden, maar niet laten nagaren.

Gooi 2 gesnipperde sjalotten in de koekenpan (waar de boter van het vlees nog in zit) en laat even smoren. Blus met een glas Chardonnay, en voeg vervolgens een glas wildbouillon toe. Lekker laten pruttelen.

Hak de veldzuring heel fijn. Zeef de saus, voeg 2 el crème fraîche toe en warm even door. Schik de borstjes op verwarmde borden, schenk de saus erover en bestrooi met de zuring. Eet met speltbrood en drink er een glas Chardonnay bij. Ongehoord lekker!

EEND

De wilde eend is de meest algemene watervogel in de stadse wateren. Bijna overal waar zoet water is, tref je deze soort aan. Met een parmantige krul in zijn staart en zijn glanzende parelmoer-groene kop, is het mannetje – de woerd – een opvallend knappe verschijning. Met haar bruine verenkleed valt het vrouwtje wat minder op. Over het algemeen worden de dames ontzien tijdens de jacht. De mannen zijn in overvloed aanwezig omdat ze – in tegenstelling tot de vrouwtjes – minder vaak door natuurlijke vijanden zoals de vos worden opgegeten. Het kan dus geen kwaad om af en toe de rol van semi-natuurlijke vijand op ons te nemen.
Dankzij hun beweeglijke karakter en hun gezonde dieet (hoofdzakelijk waterplanten), is de smaak van eend heel krachtig.
Hollandse wilde eend is vanaf september verkrijgbaar bij de poelier, of informeer bij een bevriende jager of bij de jagersvereniging. Het jachtseizoen voor de eend opent op 15 augustus, maar de meeste jagers wachten tot eind september omdat de woerden dan weer goed in hun mooie veren zitten. Dat maakt het makkelijker om alleen de woerden te schieten.
De vrouwtjes worden tijdens het broeden makkelijk gepakt door de vos, daarom schieten jagers hoofdzakelijk woerden; daar zijn er meer van en zo worden de eendjes gespaard.

EENDENBORST MET SAUS VAN WILD FRUIT

Wilde eend heeft een krachtige smaak, die als je de eend kort bakt op een hoog vuur verrukkelijk is. Maar… als je de eend door en door gaar laat worden is een tranige schoenzool je lot. Dat is zonde, niet doen dus!

Pluk 1 kop van de allerlaatste wilde vruchten per 2 of 4 eendenborsten. Rozenbottels, wilde appeltjes en bramen mogen ook als je die nog vindt. In de winter zijn ze misschien niet meer zo mooi, maar goed genoeg voor een saus. Kook ze in circa 40 ml appelsap, duw door een zeef en zet weg.

Stook een vuurtje en zet daar een gietijzeren koekenpan op. Bak op warm vuur wat eendenborsten in licht bruisende boter. Als ze mooi bruin en nog lekker soepel zijn uit de pan nemen, op een bord leggen en afdekken met aluminiumfolie. Blus de boter met een glas rode wijn en roer de fruitmoes erdoor. Proef op zout. Serveer de borsten met de saus, stokbrood en een glas wijn bij het vuur.

KENWOOD

SEIZOENSKALENDER

NAAM	WETENSCHAPPELIJKE NAAM	J	F	M	A	M	J	J	A	S	O	N	D	*	BLZ.
Alikruik	*Littorina littorea*	■	■	■	■	■	■	■	■	■	■	■	■	**A**	120
Appel	*Malus spec.*													**A**	
•bloesem					■	■									72
•appel									■	■	■	■			72
Baars	*Perca fluviatilis*	■	■	■			■	■	■	■	■	■	■	**A**	60
Balsemien, reuzen-	*Impatiens glandulifera*							■	■	■	■			**A**	74
Berenklauw, gew.	*Heracleum sphonyilium*				■	■	■	■	■	■				**A**	36
•bloem							■	■	■	■					36
Boskriek	*Prunus avium*													**NA**	
•bloesem					■	■									46
•kers						■	■								46
Bovist, reuzen-	*Calvatia gigantea*						■	■	■	■				**NA**	94
Bovist, ruitjes-	*Calvatia utriformis*					■	■	■	■					**NA**	94
Braam, dauw-	*Rubus caesius*						■	■	■	■				**A**	96
Braam, gewone	*Rubus fruticosus*						■	■	■	■				**A**	96
Brandnetel	*Urtica dioica*	■	■	■	■	■	■	■	■	■	■	■	■	**A**	28
Brasem	*Abramis brama*	■	■	■	■	■	■	■	■	■	■	■	■	**A**	62
Cichorei	*Cichorium intybus*						■	■	■	■	■			**A**	74, afb.p.2
Daglelie	*Hemorocallis spec.*					■	■	■						**A**	74
Daslook	*Allium ursinum*		■	■	■									**NA**	30
•bloem				■	■										30
Duif, hout-	*Columba palumbus*	■									■	■	■	**A**	134
Duif, stads-	*Columba livia*	■	■	■	■	■	■	■	■	■	■	■	■	**A**	134
Duindoorn	*Hippophae rhamnoides*							■	■	■	■			**A**	102
Eend, wilde	*Anas platyrhynchos*								■	■	■	■	■	**A**	136
Engelwortel, gewone	*Angelica sylvestris*							■	■	■				**A**	74
Ereprijs, gewone	*Veronica chamaedrys*				■	■	■							**A**	74

ZIE VOOR DE LEGENDE PAGINA 146

* ALGEMEEN (**A**) NIET ALGEMEEN (**NA**)

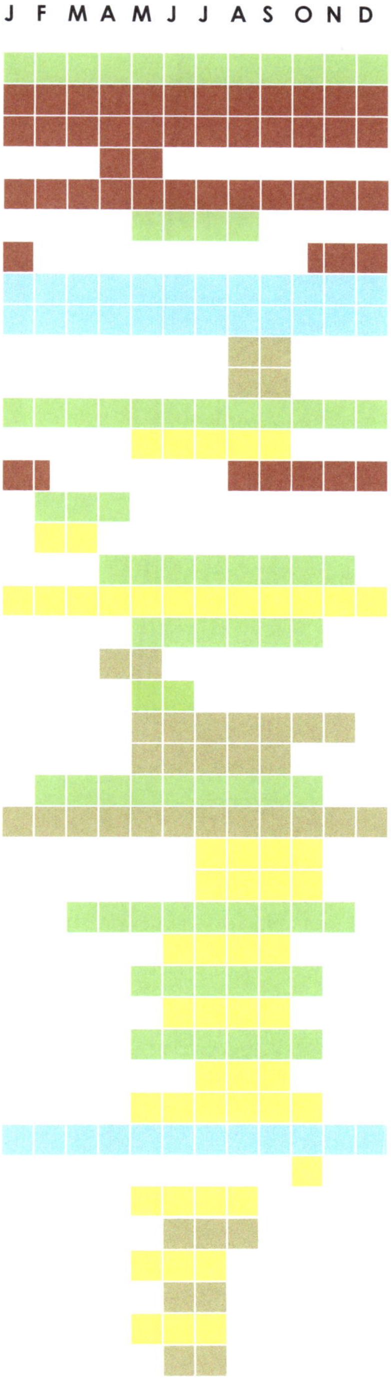

Fijnspar	*Picea abies*	A	75
Gans, Canadese	*Branta canadensis*	A	58
Gans, Grauwe	*Anser anser*	A	58
•ei			58
Gans, nijl-	*Alopochen aegyptiaca*	A	58
Ganzevoet, mel-	*Chenopodium album*	A	44
Haas	*Lepus europaeus*	A	132
Harder, diklip-	*Chelonlabrosus*	A	118
Harder, dunlip-	*Liza ramada*	NA	118
Hazelaar, gewone	*Corylus avellana*	A	98
Hazelaar, Turkse	*Corylus colurna*	NA	98
Herik	*Brassica arvensis*	A	42
•bloem			42
Hert, dam-	*Dama dama*	A	130
Hoefblad, klein	*Tussilago farfara*	A	26
•bloem			26
Hondsdraf	*Glechoma hederacea*	A	48
Honing		A	76
Iep	*Ulmus spec.*		52
•zaad			52
•knoppen			52
Inktzwam, geschubde	*Coprinus comatus*	A	92
Inktzwam, grote kale	*Coprinopsis atramentaria*	A	92
Japanse duizendknoop	*Fallopia japonica*	A	54
Judasoor	*Auricularia auricular-judaea*	A	84
Kaars, konings-	*Verbascum thapsus*	NA	80
Kaars, stal-	*Verbascum densiflorum*	NA	80
Kaasjeskruid, groot	*Malva sylvestris*	NA	66
•bloem			66
Kaasjeskruid, klein	*Malva neglecta*	NA	66
•bloem			66
Kaasjeskruid, muskus-	*Malva moschata*	NA	66
•bloem			66
Kamille	*Matricaria recutita*	A	74
Karper	*Cyprinus carpio*	A	128
Kastanje, tamme	*Castanea sativa*	NA	104
Klaproos, bleke	*Papaver dubium*	A	70
•zaad			70
Klaproos, grote	*Papaver rhoeas*	A	70
•zaad			70
Klaproos, ruige	*Papaver agremone*	A	70
•zaad			70

		J F M A M J J A S O N D		BLZ.
Klaver, rode	*Trifolium pratense*		A	74
Klaver, witte	*Trifolium repens*		A	74
Klaverzuring, gehoornde	*Oxalis corniculata*		A	38
Knopkruid, kaal	*Galinsoga parviflora*		A	74
Kokkel	*Cerastoderma edule*		A	112
Kolblei	*Blicca bjoerkna*		A	62
Konijn	*Oryctolagus cuniculus*		A	132
Koolzaad	*Brassica napus*		A	42 (afb.p.26)
• bloem				42 (afb.p.26)
Korenbloem	*Centaurea cyanus*		NA	74
Kornoelje, gele	*Cornus mas*		A	106
Kraailook	*Allium vineale*		A	30 en 125
Krab, Ch. wolhand-	*Eriocheir sinensis*		A	116
Krab, gew. zwem-	*Liocarcinus holsatus*		A	116
Krab, strand-	*Carcinus maenas*		A	116
Kreeft, gevlekte rivier-	*Orconectus limosus*		A	114
Kreeft, rode Am. rivier-	*Procambarus clarkii*		A	114
Kweepeer	*Cydonia oblonga*		NA	108
• bloesem				108
• vrucht				108
Linde, Hollandse	*Tillia x europaea*		A	66
Lisdodde, grote	*Typha latifolia*		A	74
• pollen				74
• scheuten				74
• wortels				74
Look-zonder-look	*Alliaria petiolata*		A	34
Madelief	*Bellis perennis*		A	74
Margriet	*Leucanthemum vulgare*		A	74
Meidoorn	*Crataegus monogyna*		A	19 en 53
• bloesem				19 en 53
Melde, spies-	*Atriplex prostrata*		A	44
Melde, uitstaande	*Atriplex patula*		A	44
Mispel	*Mespilus germanica*		NA	
• bloesem				108
• vrucht				108 (afb.p. 8)
Moerasspirea	*Filipendula ulmaria*		A	74
Mosterd, zwarte	*Brassica nigra*		A	42 (afb.p. 10)
• bloem				42 (afb.p. 10)
Paardenbloem	*Taraxacum officinale*		A	32 en 71
• bloem				32

J F M A M J J A S O N D

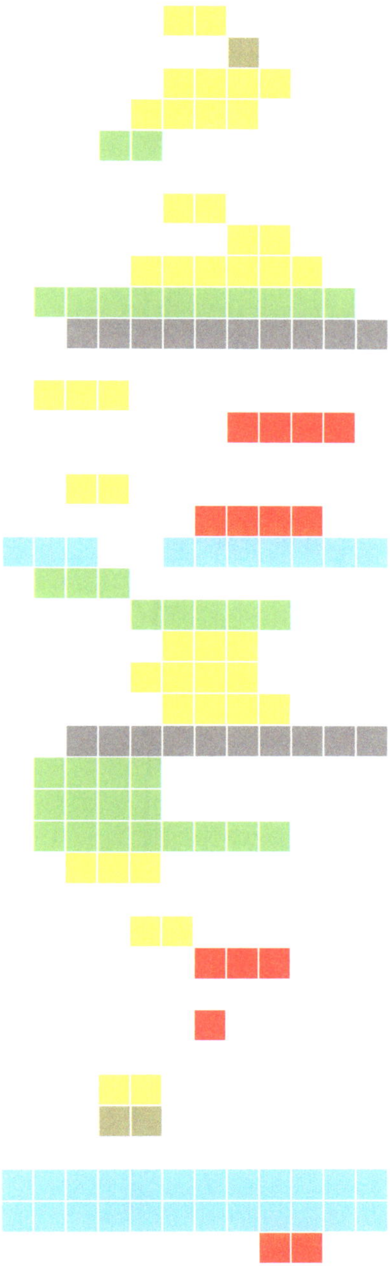

			BLZ.
Pastinaak, wilde	*Pastinaca sativa*	A	78
• zaad			71
Peen, wilde	*Daucus carota*	A	74
Pimpernel, kleine	*Sanguisorba minor*	NA	74
Pinksterbloem	*Cardamine pratensis*	A	34 en 126
Rimpelroos	*Rosa rugosa*		
• bloem			82
• bottel			82
Roos	*Rosa spec.*	A	82
Rucola, wilde	*Diplotaxis tenuifolia*	A	42
Segrijnslak	*Helix aspersa*	A	110
Sierkwee, Japanse	*Chaenomeles spec.*		
• bloem			108
• vrucht			108
Sleedoorn	*Prunus spinosa*	A	
• bloesem			100
• bes			100
Snoekbaars	*Sander lucioperca*	NA	60
Speenkruid	*Ranunculus ficaria*	A	49
Stokroos	*Alcea rosea*	A	66
• bloem			66
Teunisbloem	*Oenothera glazioviana*	A	74 en 80
Toorts, zwarte	*Verbascum nigrum*	NA	80
Tuinslak	*Capaea nemoralis*	A	110
Veldkers, bos	*Cardamine flexcuosa*	NA	126
Veldkers, kleine	*Cardamine hirsuta*	A	126
Viooltje, Maarts	*Viola odorata*	NA	26
• bloem			26
Vlier	*Sambucus nigra*	A	
• bloesem			26 en 50
• bes			50
Vogelkers, Am.	*Prunus serotina*		
• bes		NA	100
Vogelkers, gewone	*Prunus padus*	NA	
• bloesem			100
Voorjaarspronk-ridderzwam	*Galocybe gambosa*	NA	56
Voorn, blank-	*Rutilus rutilus*		62
Voorn, ruis-	*Scardinius erythrophthalmus*	A	62
Vossenbes	*Vaccinium vitis-idaea*	NA	106

		J	F	M	A	M	J	J	A	S	O	N	D		BLZ.
Watermunt	*Mentha aquatica*				■	■	■	■	■	■	■	■		**NA**	68
Weegbree, grote	*Plantago major*			■	■	■	■	■	■	■	■	■		**A**	124
Weegbree, ruige	*Plantago media*				■	■	■	■	■	■				**A**	124
Weegbree, smalle	*Plantago lanceolata*			■	■	■	■	■	■	■	■			**NA**	124
Wikke, voeder-	*Vicia sativa*					■	■	■	■					**A**	40
Wikke, vogel-	*Vicia cracca*					■	■	■	■					**A**	40
Zeeaster (zulte)	*Aster tripolium*				■	■	■	■	■	■	■	■		**NA**	90
Zeekraal	*Salicornia europaea*	■	■	■	■	■	■	■	■	■	■	■	■	**A**	122
Zevenblad	*Aegopodium podagraria*			■	■	■	■	■	■	■	■			**A**	48
Zuring, geoorde	*Rumex thyrsiflorus*					■	■	■	■	■				**A**	38
Zuring, krul-	*Rumex crispus*				■	■	■	■	■	■	■			**A**	38
Zuring, moeras-	*Rumex palustris*				■	■	■	■	■	■				**A**	38
Zuring, schapen-	*Rumex acetosella*			■	■	■	■	■	■	■	■			**A**	38
Zuring, veld-	*Rumex acetosa*	■	■	■	■	■	■	■	■	■	■	■	■	**A**	38
Zwaardschede, Am.	*Ensis directus*	■	■	■	■	■	■	■	■	■	■	■	■	**A**	112
Zwartbekgrondel	*Negobius melanostomus*	■	■	■	■	■	■	■	■	■	■	■	■	**A**	86

blad
bloesem en bloemen
vruchten
paddenstoelen, zaden, pollen en noten
wild en gevogelte
vis
schelpen, slakken en schaaldieren

LITERATUUR EN INSPIRATIE

PLUKKEN EN KOKEN

Hermus, J., *Het wilde eten*. Fontaine, Hilversum, 2014.
Koster, A., *Bloemen met smaak*. KNNV Uitgeverij, Zeist, 2017.
Mabey, R., *Hollandia gids voor eetbare planten in de natuur in België en Nederland*. Uitgeverij Hollandia, Haarlem, 1976.
Menzel, P. en F. D'Aluisio, *Man eating bugs, the art and science of eating insects*. Ten Speed Press, Berkeley, 1998.
Olphen, B., van. *Werken met vis*. Carrera, Amsterdam, 2012.
Petsersen, J.H., *Eetbare paddenstoelen*. KNNV Uitgeverij, Zeist, 2014.
Rensten, J., *The edible city. A year of wild food*. Boxtree, Londen, 2016.
Videler. H., *Eetbare natuur*. Atlas Contact, Amsterdam, 2010.

VELDGIDSEN & NASLAGWERK

Dam, N. en T.W. Kuyper, *Veldgids paddenstoelen I plaatjeszwammen en boleten*. KNNV Uitgeverij, Zeist, 2013.
Dam, N. en T.W. Kuyper, *Veldgids paddenstoelen II overige soorten*. KNNV Uitgeverij, Zeist, 2016.
Gerhardt, G., *De grote paddenstoelengids voor onderweg*. Tirion Uitgeverij, Baarn, 2013.
Kremer, B.P., *Eetbare & giftige wilde planten*. Tirion Uitgeverij, Baarn, 2011.
Laux, H.E., *Eetbare & giftige paddenstoelen*. Tirion Uitgeverij, Baarn, 2014.
Phillips, R., *Wilde bloemen*. Uitgeverij Het Spectrum, Utrecht/Antwerpen, 1978.
Phillips, R., *Paddestoelen en schimmels van West-Europa*. Uitgeverij Het Spectrum, Utrecht/Antwerpen, 1981.

ADRESSEN

Informeer eerst bij de plaatselijke groenteboer, visboer of poelier of hij/zij de gewenste producten verkoopt of kan bestellen. Ook groothandels als Hanos, de Kweker, Makro en Sligro hebben een ruim en gevarieerd aanbod.

WILD & GEVOGELTE

Wild en gevogelte zijn verkrijgbaar bij poelier, bevriende jager of via
www.jagersvereniging.nl/wildopdekaart
wildkopen.com
hollandswild.info
Meesterpoelier Pieter van Meel, pietervanmeel.nl
Poelier Ruig en Zonen, ruig.nl
JPpuurvlees (wild van de Veluwe), jppuurvlees.nl

KREEFT, VIS & SCHELPDIEREN

Den Oever: Zeeverse Vismarkt, versevis.nl
Amsterdam: Piet Ruijter, vis uit Amsterdamse wateren, vismetpiet.nl
Amsterdam: Keuken van het ongewenste dier, 0641797683
Amsterdam: Vishandel Tel, vishandeltel, 020-6255776
IJmuiden: visspeciaalzaak Waasdorp 0255-512796
IJmuiden, visafslag: nettovismarkt
Rotterdam: Schmidt Zeevis, schmidtzeevis.nl, 010-4443560
Tholen: visserij Bout, zeeuwsevis.nl
Yerseke: oesterkwekerij Delta Ostrea, deltaostrea.nl
Utrecht: Arjan Smit & Inge Stolk, info@pronckheer.nl of 06-81902014
Gorinchem: info@fuiken.nl, 06-54743407

Zie ook goedevissers.nl, versvishandel Jan van As (janvanas.nl) en de vereniging van beroepsmatige (hand)lijnvissers (vbhl.nl) voor vis rechtstreeks van de visser.

PLANTEN & KRUIDEN

Ellen Mookhoek organiseert wildplukwandelingen en workshops. Zie voor het programma: debredemoestuin.nl

De stichting Lekker Landschap heeft het initiatief genomen tot gemeentepicknicks. Die staan aangekondigd op lekkerlandschap.nl. De stichting heeft ook oogstroutes uitgestippeld op basis van recepten: zie daarvoor de website foodwalks.nl

In heel Nederland zijn tal van pluktuinen te vinden waar je zelf bloemen en fruit kan plukken. Een aantal daarvan vind je op pluktuinen.nl

Zie verder:
oogstenzonderzaaien.nl
plukdestad.nl
wildplukwijzer.nl
wildepaddestoeleneten.nl

COLOFON

FOTOGRAFIE: Hay Hermans
Met uitzondering van:
pagina's 46, 86, 90, 92, 98, 102, 104, 106 Geert Timmermans
pagina's 34, 56, 94 Ellen Mookhoek
pagina 68 Dominique Clement
pagina 128 Peter van Oord van der Vlies

GRAFISCHE VORMGEVING: Natasha Tastachova

ISBN 9789059374782
NUR 440

WWW.LUBBERHUIZEN.NL

AANTEKENINGEN